致力于赤水河的世界尊严与机会

君子之品，东方习酒。

这是一条向往美好生活的习酒之路！

1998 年 8 月 31 日，习酒正式签约加入茅台。

1998 年 10 月 26 日，中国贵州茅台酒厂（集团）习酒有限责任公司举行揭牌仪式。

1998—2018 年，20 年。

——题记

Committing to the Dignity and Opportunity of Chishui River Worldwide

君品文化（第二辑）
20世纪中国白酒行业最大重组案

历酒弥香

习酒加入茅台20年始末

王临川◎著

中央民族大学出版社
China Minzu University Press

图书在版编目（CIP）数据

历酒弥香：习酒加入茅台 20 年始末 / 王临川著 .—北京：中央民族大学出版社，2018.12

ISBN 978-7-5660-1591-4

Ⅰ. ①历… Ⅱ. ①王… Ⅲ. ①酱香型白酒—酿酒工业—工业史—贵州 Ⅳ. ① F426.82

中国版本图书馆 CIP 数据核字（2018）第 278524 号

历酒弥香：习酒加入茅台 20 年始末

著　　者　王临川
策划编辑　舒　松
责任编辑　徐桂红
风光摄影　王临川
装帧设计　布拉格
出 版 者　中央民族大学出版社
　　　　　北京市海淀区中关村南大街 27 号　　邮政编码：100081
　　　　　电话：68472815（发行部）　传真：68932751（发行部）
　　　　　　　　68932218（总编室）　　　　68932447（办公室）
发 行 者　全国各地新华书店
印 刷 厂　北京建宏印刷有限公司
开　　本　880×1230（毫米）　1/32　　印张：5.25
字　　数　120 千字
版　　次　2018 年 12 月第 1 版　　2018 年 12 月第 1 次印刷
书　　号　ISBN 978-7-5660-1591-4
定　　价　52.00 元

目　录

Contents

第一篇　未来已来

1 自强不息

《乾卦》乾：元，亨，利，贞。

《象》曰：天行健，君子以自强不息。

云贵高原，中国四大高原之一。

3 亿年前，这里是一片浩瀚的汪洋。地球经过无数次的演变，地面渐渐升高，4000 多万年前，在强烈的喜马拉雅造山运动中，山脉抬升，河床下降，形成了今天的贵州习酒河谷。

“天下之山，萃于云贵。连亘万里，际天无极。”[01]

“蜀道难，难于上青天。”[02]

山前是山，山后还是山。千山万壑，连绵蜿蜒。

---

01 语出《重修月潭寺公馆记》，作者王守仁（1472-1529），字伯安，别号阳明，心学集大成者，与孔子（儒学创始人）、孟子（儒学集大成者）、朱熹（理学集大成者）并称为孔、孟、朱、王。明武宗正德元年（1506）冬，宦官刘瑾擅政，并逮捕南京给事中御史戴铣等二十余人。王守仁上书论救，而触怒刘瑾，被杖四十，贬谪至贵州龙场（贵阳西北七十里，修文县治）当龙场驿栈驿丞。

02 清雍正五年（1727），遵义府由四川划归贵州管辖。

河水秋流到冬，春流到夏，永无止息。

习酒人，在川南黔北之地，在赤水河边兴家立业。

河谷两岸壁立千仞，水流湍急。黔北这边，有黄金坪；川南那边，有黄金坝。二郎滩，在两地之间。黔北这边的老渡口处，有二郎庙，川南那边二陡岩的半山，有观音庵。神山庙宇，是本地人祈祷美好生活的场所，是历经世事艰难挫败的慰藉之处，是在未知世界寻求帮助的力量通道。所有人，礼佛拜神完毕，回到门前院后，田间地头，还得照生活原本的模样，实实在在地过日子。

先人来到这个地方，已经是若干年前的事情。

有人，就有故事。

盐和酒，是赤水河最广为熟知的故事。

黔地无盐，河为通道；美酒之河，世界飘香。

溯源而思，还有酿酒的小麦和高粱。

高粱小麦，原产地都不是中国。

我们不清楚在过去漫长的时间里，小麦和高粱是如何来到赤水河边。赤水河边最早种小麦和高粱的人，迎着阳光，撒播第一粒种子的那天，他是和谁在一起；是心情愉快，还是心事重重；吃什么样的食物；穿什么样的衣服。

种地的人不一定知道种子从哪里来，也不知道若干年后这些小麦和高粱要去哪里，但是，他一定知道，要把种子埋在地里，才能得到收成。

“磨骨头，养肠子”的岁月里，不知要守望多少个日夜，要挥洒多少次汗水，才能收割那茬长满穗粒的庄稼。种地人的收成不一定当年就能让家人吃饱，但，这毕竟是他和家人的希望，是他本该做的事——在这片土地上耕耘，享受阳光，一家人生活。

习酒镇这个地方，历来外出的通道，要么水上靠手，要么陆上靠走。当地人说，“肥田不如瘦店，瘦店不如破船。”造船难，买船更难。在公路没有修成之前，地无三尺平、天无三日晴的黔地，道路意味着泥泞和险峻。在20年前，驾车从省城进出此地，需要两天时间。

河水在谷中四季流淌，而地面经常干荒。

窗含千岭，门无泊船。

盐法改制、公路畅通后，赤水河盐运在民国年间衰落。这里的田少，土也不多。生活，没有办法去等待别人来安排，只能自己去争取和奋斗。习酒人，要在这里生存，就必须要有另外一番模样。

习酒第一任老厂长，从仁怀顺流而下考察，在此处选址落脚，不是凭空作想，而是赤水河沿岸有着数千年的酿酒传统使然。二郎滩头，酿酒作坊早已存在多年。习酒厂的老工人回忆，当时是从三户姓罗的人家购买的老酒坊，而当时卖房人又说，这个地方自他们的远祖时就开始酿酒，且生意一直不错。在罗姓之前，是殷姓人家在经营，发家致富后，迁徙他乡。

当日老酒坊所在的黄荆坪，与今日之黄金坪，差异是巨大的。今天所看到因习酒厂而起的学校、公路、邮局、银行、餐馆、超市、公共厕所、消防队、水电站、公园、亭阁、影院、球场，一切都不是理所当然的存在，它们的出现，都是一段历史，一段艰辛，习酒镇[01]的建制，也是经历过一番曲折，才得以确定。

此处气候，热。

进入夏天后，经常40度以上高温，四处“地火苗”，不留死角。在制酒、制曲车间，温度还会更高，空气犹如沸腾了一样。

“千里清蒸，万里红烧；望赤水河两岸，热浪滔滔，各个车间，基本‘烧焦’；厂房内桑拿，汗水洗澡，躺下更是铁板烧。”[02]

然而，好的酱香酒，就要出在这样的环境。酒是有生命的，在这个微生物的世界里，天、地、水、气，交融变化。绝壁之上的酿酒车间，顺着河岸，逐年“生长”。

力尽不知热，但惜夏日长——习酒人辛苦劳作，开创基业以来，创造过辉煌。20世纪90年代初，鼎盛时期的习酒排名全国白酒销售十强，所在县财政收入近三分之二来自习酒税收。然而在20年前，习酒同中国无数白酒企业一样遭遇寒冬，生存艰难。

山重水复，柳暗花明。习酒人在绝望的时候，树立起了自己的信仰。作为习酒的开拓者、创业者、继承者，在赤水河畔用激情和智慧，秉持自强不息的精神，将一个个“不可能”变成“可能”。时代洪流，汹涌而来，汹涌而去，

01 习酒镇于1992年建制，辖地属原回龙区。

02 来源于网络，习酒员工创作。

大山深处，习酒积淀了另外一重历史。

赤水河的故事，都敛聚在酒香里。在一次又一次的"习酒，一二三，干！"中，经历企业几起几落、往复生死的习酒人情不自禁，热泪盈眶。

其实，比起1935年四渡赤水在此地的二郎滩渡口，前有伏击，后有追兵，置生死于度外的红军，那又有什么呢。一个民族的希望、一个国家的希望，都可以扛在肩上。习酒人，还有更大的理想。人，一旦知道自己要什么，就可以面对所有的困苦。几十年过去，红军突出重围，开创新天地，改写了中国。几十年过去，习酒人饱含百感交集、刻骨铭心的深情，打造了习酒事业，在这个世界倡导君品生活。

河谷外的凉风，吹不走河谷内的热浪，都市内的灯光，却能把习酒河谷黑暗的夜空照亮。在厂里从事生产的人，时时会惦记在城市里从事销售的人，佳绩传来，眼见光明，和悦脸上。习酒就像赤水河上的航船，生产的人像纤夫，销售的人像船夫，纤夫站好位，只管向上用力，一步一个脚印；船夫学好艺，顺风顺水，只管大胆向前。都要千辛万苦，都要汗流成河。船拉得过滩，才下得到江；船冲得出江，才带得回生意。山外山内，都有人情冷暖；河上河下，都要披星戴月；彼时此时，都要守土开疆。

习酒，不只是一个产品，还是一群人，一个地方，一份理想。习酒人，不只是正在企业从事工作的在册职工，曾经在习酒厂工作、生活、学习过，以及那些关心、支持和帮助习酒厂发展的人，都是习酒人。一代代的习酒人，把力量累加起来，才得以成就今天习酒模样。

历史的起由，有很多是偶然。历史的归宿，很多却是必然。每一位习酒人在习酒发展中扮演的角色和担当的责任不尽相同，但是习酒人相信强者改写历史，而强者，必先自强。习酒河谷的风韵，与生俱来，习酒人的生活，奋斗得来。靠山吃山，靠水吃水，靠着美酒河，只有将整个人的生计、家庭，人生与命运系于此地，系于习酒事业，才真正明白，河流、气候、道路、工艺、产品和销售，对习酒人意味着什么。

在宇宙之中，在岁月长河，人总显得微不足道，唯有自强不息，生命才能起舞。

20年前绝处逢生，20年来跌宕起伏，乘风破浪。

20年已经过去，20年的人与事，历历在目。

天行刚健、永恒不息、生生存在，君子观此当搏击于这个无限神奇的世界，奋进不已。

习酒人的身体里，江河流淌。

大吼一声：

习酒！

一！二！三！

干！

20年，从头越，苍山如海，阔步向前。

2 厚德载物

《坤卦》坤：元亨，利牝马之贞。君子有攸往，先迷，后得主，利。

《象》曰：地势坤，君子以厚德载物。

把质量视如生命，这是酿酒人的最基本德行。

命运不是风，来回吹；命运是大地，走到哪里，都身在其中。命运，由谁决定？

一瓶酒，能坏掉整个企业。一个品牌，能坏掉整个行业。习酒之所以能够逆势扳回一局，最根本原因在于它的质量。企业的命运能够屡屡险处折转，莫不因为质量的坚守。长久以来，习酒的基酒以质量过硬闻名业内。习酒与茅台酒的生产工艺基本相同，并保持自己独特的勾调路线和口感，习酒强调入口醇和，茅台酒则更强调后尾的细腻、回味悠长。

杯中照出的是饮酒者的脸面，酒中品质反映的则是酿酒者的为人。“做酒就是做人，习酒要做酒中君子，要让每一个经销商和消费者一提到习酒就放心，就安心。”酒是用来品饮的，关系着健康，关系着生命。

在赤水河畔的峭壁之上，习酒兴建了若干条石窖堆砌而成的窖池。端午制成的大曲，要贮存六个月才投入生产。每逢重阳，河水清亮，酿酒原料投放进窖池，开始发酵，蒸烤取酒，周而复始。各种原料的选取颇为考究，对小麦、高粱的颗粒饱满度、水分含量、淀粉含量、卫生指标、农药残留等指标的初步检测就有10多项。以高粱为例，习酒即使普通产品也坚持使用本地高粱，如此一来虽然成本差异颇大，但是口感质量有保障。

习酒的酱香型白酒产值曾名列全国第一。加入茅台酒厂之后，习酒对于质量管理的重视再攀新高。

质量管理是整个企业最有高度的问题，一丝不苟，精益求精。从1980年起，习酒厂就开始建立产品质量追溯体系。习酒厂的生产以10吨为一个批次，每个批次都有记录，并抽取样品，建立实物档案。长年累月，这个储存量越来越庞大，成了产品谱系的博物馆，也成了习酒文物。传统工艺酿造的酒是经得起时间考验的，自然发酵，香气自然协调，陈放时间越长，酒体越平衡。相反，新工艺白酒有调香的工序，存放时间一长，酸、酯不平衡，品质变化，失去价值。收藏老酒一定要选基础好的酒，习酒作为消费者喜欢的老酒收藏品，习酒人以此为自豪。

从董事长到普通工人，都必须坚持品质第一。洁身守道，以质取胜，为爱酒之人生产高品质、高性价比的酒品，是对消费者的最具有张力的传播诉求，这是习酒精神最质朴的诠释和表达。

习酒的德业，绝不只是酿造一瓶好酒，还要有益于社会。

“屯其膏，小贞吉，大贞凶，施未光也。”

只顾自己囤积财富，办小事虽有成功的可能，但办大事则必然会出现凶险，这样的人即使想有所作为，其前景也不大光明。

这个世界上，每天都要发生许多变化，有人在创造历史，有人在被历史抛弃。每一分钟都有新的生命欣喜地降生到这个世界，同时也有另一些生命离开。世界没有一天是平静的，可是对大多数人来说，生活的变化是缓慢的。今天和昨天似乎没有什么不同；明天也可能和今天一样。

这是平凡而真实的日子，但是习酒人面对自己的生活，总愿意蓬勃而起，那些习酒人带着习酒要去的地方，都是从未谋面的故乡。

习酒人所担的责任越重，习酒人的生命就越贴近大地，它就越加真实。尊重自己的生命，尊重别人的生命。自己有尊严，也尊重别人的尊严，而且是诚挚地尊重。

厚德载物，诠释习酒人的从业良心与责任担当。习酒从它诞生之日，习酒人就抱着做强做大习酒，带给大山深处以福祉的信念。习酒人坚持环境立企，把环境保护摆在与生产经营同等重要的位置，特别是对赤水河的保护，为酿造优质的习酒提供良好的生态环境，促进人与自然、企业与自然的和谐。依法诚信纳税，成为习水县财税收入的主要支柱，为地方经济发展做贡献；计划经济时代，习酒兴，撑起了习水县财政的半边天，习酒弱，习水县的经济一度十分困难。公司招录社会青年、安置当地征地群众、解决职工子女几千人就业。在社会公益和慈善活动方面，如四川“汶川大地震”捐款112万元，云南、贵州特大旱灾捐款200万元。在工业反哺农业上，建原料供应基地，扩大种植规模，提高收购价格，带动地方百姓致富；参与地方“四在农家”建设，助力乡土发展。特别是支持教育事业，从20世纪90年代资助县内希望工程建设，到动用千万巨资资助西南地区的贫困大学生，传承勇担责任的君子品格。公司持续开展“习酒·我的大学”大型主题公益助学活动，已累计捐资近亿元，资助近万名贫困大学生圆大学梦。

2018年8月22日，2018“习酒·我的大学”圆梦奖学金全国颁奖仪式暨致敬大成至圣先师仪式在山东省曲阜市孔庙举行。新任董事长钟方达率众拜谒圣坛，祝文弘愿。

泱泱华夏，历五千年。大成至圣，立天地间。诗书易礼，春秋相传；道德文章，经世致用。三千弟子，大道阐扬。万世师表，薪火绵延；高山仰止，景行行止，文明先绪，蔚为大观。酒业汤汤，德业泱泱。吾乡僻远，高原黔北，红缨取酒，天人共酿。千年古法，传奇酱香。煮酒齐觞，宾客洋洋。神州共饮，四海飘香。东方之品，笃行致远。

侪辈虽微，追慕圣贤，起而振之，大道在前。缘我习酒，品端行正，崇道务本，敬天爱人。誓做君子，念善亲为。服务社会，不改初心。厚德弘道，兴教育才，公益天下，既知且行。欲立立人，欲达达人，斯仁至矣，与德为邻。古今一理，文化自信。当今时代，万象更新，大同小康，梦想成真。多赢共享，生态平衡。敬祷先师，佑我习酒，强大优久，业旺德兴，我的大学，一路同行。祈愿百姓，幸福安宁。祈愿社会，和谐稳定。祈我国家，富强文明。祈我民族，伟大复兴。伏惟尚飨。

“士不可以不弘毅，任重而道远。仁以为己任，不亦重乎？死而后已，不亦远乎？”

20年来，所有的挫折都成为种子，经过岁月深藏，焕发生机。

大地的形势平铺舒展，顺承天道。君子观此卦象，取法于地，以深厚的德行来承担重大的责任。

习酒人如此行进，生活得以美好。

3 持守有度

《屯卦》屯：元，亨，利，贞；勿用有攸往，利建侯。

《象》曰：云雷屯，君子以经纶。

全长500公里的赤水河之于白酒，亦如波尔多之于葡萄酒。其流经的地域出产茅台、习酒、郎酒、泸州老窖等名酒，占到中国名酒的半壁江山。茅台酒质量的稳定、品牌价值的提升、市场影响力的扩大，都是一步一个脚印走过来的。

习酒和茅台一样，遵循着复杂的酿造工艺，酿酒师强调天人合一，俗称“12987”的酿酒工艺：在整整一年的生产制造周期里，端午节开始制曲，重阳节下沙（投粮），经历九次蒸煮，八次发酵，七次取酒，再经过精心的勾调，三年陈储，才能勾兑出厂。七个轮次的酒也完全不同，而勾调则更是一门艺术。每一个操作环节，都是“度”的精深把握。

酱酒酿造所使用的本地糯红高粱，俗称红缨子高粱，具有颗粒小、皮厚、扁圆、结实、干燥，淀粉和单宁含量合理的特点，尤其是支链淀粉含量对酿酒有利，支链淀粉含量达 88% 以上，比外地高粱高出三分之一左右，玻璃状皮质，有利于酱酒工艺的多轮次翻烤，每一轮的营养消耗度控制在合理范围，整个生产周期需要一年的时间。

制曲选择在端午节时间，此时的温度开始上升，有利于酵母菌的繁殖，发酵时“前缓、中挺、后缓落”，出曲质量高。生产投料要求按照农历九月重阳节期进行，此时高粱收割完成，暑天高温已过，便于人工控制发酵过程。踩曲环节，虽然工业化能极大地提高产量和效率，但以此酿出的酒，却始终比手工操作逊色得多。人工踩制，松紧厚薄适度，曲块发酵充分，曲香到位，酒味才正，“曲是酒中骨”的作用才能发挥好。晾堂大、堆子适中，以便摊晾及时，酒醅堆渥发酵。在高温馏酒环节，同行为了提高效率，多采用三十二管来冷却，习酒却用十六管，冷却效果适度，以确保醛类和硫化物等有害物质能够被蒸馏出来。习酒在基酒的验收和尝评组合环节，每一项量化指标都精确到小数点后三位。严格的工艺，是酿酒的法度之美，这才得以形成过硬的质量，使习酒在白酒市场保持良好的口碑。

习酒厂的生产不是根据市场需求的淡旺季来设计的，而是按照酿酒规律酿造。在供给市场之后，会保留一些品质优良的基酒。以茅台、习酒为代表的酱香型白酒，从酿造到出售最短都要 5 年，相比一般只需要 3 年的浓香型白酒，费时费力得多。以习酒为例，约 5 斤粮食才能生产 1 斤白酒。若要勾调陈酿，还要动用储存期长达 10 年以上的老酒。在习酒的老酒仓库内，有数以千计、高及一人的陶坛，这些陶坛产自数百公里之外坛厂，手工烧制，运回酒厂后，坛内储存价值百万元的老酒，在酒库里吐故纳新，自然呼吸，使酒的味道更浓郁而富有层次，成为时光之酿。

一瓶好酒的得来，温度、湿度、糖度、酒精度、干燥度、速度，无数尺度，样样考究。一个企业的兴旺，则要依靠无数的制度，人财物，产供销，无一不全。现代企业规模化生产的工匠精神，是基于企业文化上的各种规章制度的实施，从一定意义上讲，企业的工匠精神就是企业的制度精神，就是企业家的守度精神。

从历史看，改革开放之前，习酒就是一个很稳定的小酒厂，没出现过大起大落。改革开放 40 年来，习酒的发展大致经历了三次高峰期。企业发展随着市场有起伏、有波动，那是正常的，但出现存亡危机的时候，一定是出现了什么问题，定位不准、节奏失控、方向不明、管理失控、议事无效，等等，都是失“度”之举。习酒发展的坎坷历程，每一个事件，每一个主体，每一瓶酒，每一笔钱，都是有能量的，若要改变，都是需要“交换”的。或进或出，或多或少，都要细思度量。直到今天，还有很多酒厂没有走出困境、恢复“元气”。但是习酒经过 20 年来的努力，走出来了，而且步子还走得非常坚实，打下了一个非常良好的基础，取得这样的成绩，并不是人前几分钟的风光，而是有各种酸甜苦辣，有很多艰辛和付出，只有亲身经历才能体会得到。

守度之妙，在于内外兼明，进退有知，取舍得当。人若是看清了自己，便不会小看别人，小看这个世界。人看清了自己，就知道自己能够做什么，不能够做什么。听命于自己者，就不会轻易受命于他人。在酿酒这个行业坚持和操守都要有法度，才有成功的可能。

听不见音乐的人，认为那些跳舞的人疯了，看不见别人内心理想的人，往往认为那些坚持事业的人不可理喻。习酒人在最难的阶段不是没有人懂，可能是习酒人不懂自己，没有清晰的自我认识与定位，失度失控，以至身处尴尬，遭遇险境。

我思故我在。

对内，是不停的自我审视，自我认知；对外，是慎独慎行，审时度势，使命担当。习酒人对自己的事业要负得起责任，这本身就有无穷的魅力，为此值得把虚名浮利全部放弃，竭力而为，不负年华。

万物始生，何以经纶，必以法度。

生产，坚守工艺，取法有度。

管理，令行禁止，张弛有度；

经销，尽力而为，大小有度。

品饮，量力而行，乐饮适度。

生活，过犹不及，万事适度。

物始生，君子以持守有度。

守度，虽盘桓，志行正也。

求而往，明也。

4　新生与希望

“1998年10月26日，茅台接收习酒的时候，习酒已经濒临破产，今年正好20年，20年换来了什么？”

“换来了习酒的新生和希望！”

“新生，是从濒临破产到今天行业里比较好的企业！”

“希望，是习酒现在处于一个上升的势头，并且这个势头还没有见顶，还在继续往上走，就今天白酒行业的局面，目前习酒呈现往上升的趋势，日后习酒还有巨大的发展空间！”

2018年8月6日，茅台集团党委书记、董事长、总经理李保芳在习酒公司干部大会上的讲话，谈习酒20年的历史。

“今天在座的各位至少有一半以上的人经历过习酒的兴衰成败，见证了当年即将倒下的岁月，又看到了今天的欣欣向荣。今天，这个交流让我很感动……这个动情是什么？我觉得就是凝聚力和人心。张德芹同志讲话（离任讲话）的时候，我注意到台下有同志在悄悄地抹眼泪，这就是凝聚力和人心，因为职工、员工没有必要作假作秀，他们的喜怒哀乐都表现在脸上。这是茅台集团大有希望的体现。在我讲话期间，在座的很多人在抹眼泪，我觉得很感人！……企业有这个凝聚力和人心，那么发展，就有希望！”

“等待”与“希望”，是拥有人类智慧的两个词。

20年的等待，不是伫立原地，而是以“自强不息、厚德载物、持守有度”的精神，“崇道、务本、敬商、爱人”的价值观，“无情不商、服务至上”的经营理念，“爱在习酒、苦乐与共”的感情，才得以成就“酒香、风正、人和”之习酒氛围和新局面。

新的希望，在于新的努力。

一是盯住“百亿”目标不放松；

二是努力巩固已有的行业地位。

茅台达到1000亿元的目标，习酒有相应的工作计划和安排，确保“目标能实现、任务能落地”，确保行业地位稳中有进，进十争九。

2018年年底，不出意外，习酒销售收入50多亿元，茅台900亿元，在比例上占了5%。习酒是贵州无可争议的第二大白酒企业。习酒盯住省内、省外“两个市场”不放松，2018年实现省内、省外销售各占一半，下一步，省外市场还要有更大的发展。2019年起，省外市场就要超过省内市场，通过这个比例的变化，把习酒品牌逐渐从一个区域品牌打造成一个全国性品牌。

综合各方面的表现及数据显示来看，习酒塑造出了中国高端酱香白酒著名品牌的形象，在贵州制造业排名前五强，主要业绩指标均创历史新高，这是目前习酒所处的历史方位。

习酒在贵州是大企业，有大企业的风范、气度和素质。习酒是一个按照既定目标、既定步伐、坚定前行的企业；一个即将进入白酒前十强甚至更靠前，成长为行业重要支柱、参天大树，成为在行业里说话掷地有声的企业。习酒是一个承载着更多的使命和社会责任的企业，发展的同时始终不忘作为地方国资企业福祉社会的己任，支持地方经济建设、主动支持解决地方就业问题。在发展的同时更不忘反哺社会、回馈社会，积极援手捐款灾区，持续关注和资助贫困学子，助力有志青年圆梦大学；特别是竭力保护好赤水河，保护习酒人生活的这一片青山绿水。

习酒君品文化，将塑造有具体规范的“品质伦理”体系，通过有精度的酿造技艺，有温度的社会责任，有高度的质量标准，给消费者提供更完美的品质享受和精神感召。

习酒的经销商是习酒共同体的组成部分，是不可或缺的习酒人，君品习酒所倡导的美好生活，只有与经销商共同努力，才能带给广大消费者。

习酒是国有企业，习酒人始终坚守“发展、质量、安全、环保”四条底线，营造“酒香、风正、人和”的政治生态和发展环境，敢于担当、勇于担责，突出重点，全力推进生产经营各项工作。

在增比进位上，2021 年习酒要实现 100 亿元销售目标，精耕深耕、稳定发展贵州市场，合理布局、大力开拓省外市场，将习酒窖藏品牌打造成为全国知名品牌，跻身酱香白酒第二位，力争进入全国白酒前七强。

在增产扩能上，将大力推进吕师岩制酒车间、洪滩制酒车间、万吨制曲车间、运营中心、商务体验中心、习酒文化陈列馆等项目建设，实现新增酱香产能 1.2 万吨，加上现有浓香产能 2000 吨，总体产能达到近 3 万吨。如果通过调整 201 厂的大地片区到习酒，将实现年产能 4 万吨。深入开展厂区绿化美化工作，建设优美厂区。

在人才队伍建设上，紧跟茅台“以才兴企，人企共进”的人才理念，“知君品，行君品”，知行合一，为企业的创新发展增添活力。

在谋求员工福祉上致力于打造企业强、员工富、生态美、文化好的习酒新未来，在完成公司年度指标任务的情况下，争取员工收入每年保持 10% 的增长。

习酒人始终相互尊重、相互支持、相互配合，心往一处、劲往一处，共同推动企业的发展，勇于担当大任。

5 悦君品文化　享美好生活

20万年前，桐梓人居住在此。

5000年前，鳛部人居住在此。

1000年前，滋州宋人，生活在此。

500年前，明代川盐入黔，船夫纤夫盐夫农夫生活在此。

茅台闻名，100余年。

习酒始建，66年。

习酒进入茅台，20年。

岁月漫长而又匆匆即过，时空相隔而又紧密相连。我们的生命，在宇宙之中，微不足道，但可以闪闪发光。

20年过去，20年又来。

山对山，川对川。今天的习酒，不是从来就这个样子；未来的习酒，也不会永远是这个样子。

20年前，习酒濒临破产，举步维艰。

而今，长风撩河谷，回首望旌旗。20年来，习酒，致敬茅台。

今天，茅台与习酒，是利益、荣誉相关的命运共同体。

但是在20年前相遇的时候，有着各种想象与揣测。加入茅台，不只是身份的变化。

企业跌宕起伏，行迹在每一位习酒人心中，都是一场波澜壮阔的旅行，浮浮沉沉的不只是心情，还有一家人生活，自己的一生。

20年，弹指一挥。20年，层云荡胸。

没有坚守，无法到达远方。

再伟大的生命，也会离开，不论是谁，总有一天，都将会走向自己的终点。于此而言，逝者没有什么遗憾，活着的人也不必过分地悲伤。但令人痛心和难以接受的是——当生命的花朵正蓬勃怒放的时候，却猝然凋谢，而你目睹，却无法改变。

20年前，习酒力衰，水瘦山凉，旷野茫茫。阳光明媚的春天、丰茂碧绿的夏天和五彩斑斓的秋天，似乎都已经不在这个河谷，天空，也没有雪。

幸好，那场冬天的梦魇在春风中得以苏醒过来。

成功没有坦途，新的路程中，个人在成长，企业在成长，有对有错，有喜有乐，为实现理想，多少人彻夜不眠，多少人风餐露宿，多少人头发花白，然，回首一笑，挥毫落纸，云烟了了。

一个人的自律程度，决定了所能见到的人生的高度；一个企业的信条，则决定了企业的规模与格局。真正的自由不是随心所欲，而是自我主宰。实现自我主宰，必须以严格的自律开始。越是自律的人，越明白自己真正想要的是什么，并且为之付出长久的努力和汗水。有些人觉得这很苦、很累，舒舒服服地过完一辈子不好吗？但对要奋斗的习酒人而言，自强、厚德、守度，这并不是在受苦，这只是让自己自由飞翔的必经之路，甘之如饴。

越来越壮大的习酒，管理更复杂，市场竞争更激烈，决策更艰难，崇道，务本，敬商，爱人，这需要有更多的智慧和力量去突破时代的局限性。

东方君子思想和习酒创业精神成就习酒君品文化的力量，与习酒产品一起，成为习酒事业的两翼，展翅飞翔。百亿习酒、百年习酒、百年福祉，不只是愿景，更是习酒人的信仰。

每当太阳东升，日落西沉，走在习酒河谷，驻足遥望赤水河上方辽阔的天空，可以感受到土地对生命的呼唤。所有的道路，都不可思议地要走向远方。星垂平野，月涌大江，在这里，总有年轻的力量，无法平静，虽然道路漫长，但习酒人不愿岁月寂寥，直到终老，即使在赤水河的黑夜里，来几场大雪纷飞，心已所向，素履可往。

对世界而言，习酒只是一个酿酒的地方；但是对于习酒人来说，习酒就是整个世界。

让习酒人难过的事，总有一天会笑着说出来。一个人知道自己为什么而活，就可以忍受任何一种生活。历史的长河，身处其中，不会风平浪静，铿锵前行，蓦然回首，福祸相依，百年愁已过，万感酒中来。

赤水河从茅台方向滚滚而来，20年，世界有变，但是山河未变。

这20年，习酒，有幸得茅台能量；

这20年，习酒，予国酒荣耀欢歌。

2018年10月26日，人们的目光再次聚焦茅台与习酒。像一个迎着朝阳奔跑的青年，习酒沿着“君品”之路，背靠茅台，面向世界，迈往新的征程。

习酒，酿造美好生活，连接历史与未来！

第二篇 回望历史

6 建设中国名酒基地

随着1978年中国的改革开放推进，粮食短缺变成粮食过剩，酿酒成为消化粮食的主要出路之一，加之酿酒行业进入门槛低，税收和利润较大，成为县乡积累资金的主要来源，全国各地酒厂遍地开花，白酒产量在1988年至1992年间获得爆发式增长。国家在1984年后不再对酒企调拨粮食，酒厂采用市场价采购粮食，为弥补酒厂成本的上升，酒税予以下调，同时在1988年，放开白酒定价权，酒企获得前所未有的发展机会。

习酒厂在这波行情中，紧跟扩大产能的趋势。

在1980年以前，由于规模小，生产落后，企业连年亏损，从1981年开始由亏转盈，效益逐年上升，到“七五”期末，生产经营已逐步向好。1988年，习酒获得国家质量奖，并获中国优质酒称号、商业部优质产品金爵奖、首届中国食品博览会名特优新产品金奖。1991年，酱香型习酒作为习酒厂“六五”期间科技成果，风格、品质、工艺，与茅台酒极其相似，在市场初露头角，受到消费者的好评。

1991年3月24日，贵州省委省政府、遵义地委行署有关领导，视察习酒厂，在现场办公会上，习酒厂提出了茅台与习酒合作发展的建议，得到与会领导赞赏；1991

年10月，习酒厂以此为基础，提出在赤水河谷建立中国名酒基地的构想，呈报省地县有关部门和领导。

基本意见如下：

贵州经济落后，但是酿酒工艺独特，酒以高质量赢得了全国消费者的信赖。“赤水河中段是我国一块特殊的宝地，生产的酱香型白酒（以国酒茅台为代表，还有习酒、郎酒等）举世无双，如果在赤水河中段的茅台酒厂以下至习酒厂的46公里间，充分利用这里特有的自然条件，发展酱香型酒生产，建立中国酱香型白酒基地，每年将给国家提供数亿元的税收和外汇。”

赤水河是享誉中外的具有光辉革命历史的名河之一，是当年红军战斗过的地方，如果在赤水河中游建立名酒基地，将茅台、习酒、习水大曲酒进一步开发出来，经济繁荣了，赤水河旅游业也随之兴旺发达，其经济价值难以估算。同时，这一带独有的无法代替的水质、土壤、气候等自然条件很适宜于白酒的生产，尤其是茅台酒、习酒等酱香型白酒的生产，在地球上找不到第二块这样的酿酒宝地。

从全国经济来看，宏观上，酒是限制生产的产品，但从贵州的实际情况出发，要振兴贵州经济，烟酒是一大优势。商品生产，必须一靠质量二靠批量，在产品质量占优势的前提下，紧跟着就要靠规模取胜。世界名酒茅台酒产在这里，质量上占绝对优势，但数量上处于劣势。1990

年全国白酒产量，贵州省排在第11位。发展贵州名优酒迫在眉睫，从长远看，具有极强的战略性。贵州名酒虽然很多，也都有不同程度的发展，但生命力弱小，在市场竞争中不堪一击，国家投资了，却得不偿失。所以，必须调整结构，加快速度，集中发展，充分发挥具有潜力和竞争能力的集团优势，重点开发。从白酒消费市场来看，我国占世界白酒消费市场的七分之一，自己生产的白酒远远达不到这个数目。随着我国改革开放的不断深入和发展，还有一个国际市场可开发。习酒厂在这方面已做了一些工作，目前正向东南亚各国及我国台湾一带“渗透”。商业部还把习酒、习水大曲酒正式纳入全国名酒的销售计划，这在贵州尚属首家。

技术人才方面，“七五”期间，培养和造就了一支懂技术、善管理的专业技术队伍，有高级职称1人，中级职称24人，初级职称132人。习酒厂是全国唯一有两个拳头产品的企业，酱香型习酒、浓香型习水大曲酒，同时也造就了两大香型生产技术的两类人才，在全国同行业中也是独一无二的。

从建设速度来看，习酒厂的“七五”技改工程，积累有建设方面的经验，建设速度可以保障。此外，从茅台酒厂至习酒厂的沿河46公里距离，几乎都是尚待开发的荒山，在征用建设用地上，基本不占好田好土，能较好地利用土地资源。因此，在赤水河中游建立中国名酒基地，不但是必要的，而且是可行的，名酒基地还能带动仁怀，桐梓、习水，赤水等县的其他配套项目，不仅可以扶贫，而且每年还能创税利 3 亿多元。

1992 年 2 月 10 日，中央人民广播电台驻贵州站向中央有关部委、贵州省委省政府提交了以上述意见为基本内容的内参信息，报告了《习酒厂在赤水河中建立中国白酒基地》的可行性建议。

1992 年 5 月，遵义行署成立了遵义地区发展名优白酒领导小组，制定了相应的开发计划，并在随后的时间，开始落地实施。

“八五”前三年（1991—1993），习酒厂的生产经营状况较佳，其中，1992 年为习酒厂有史以来的鼎盛时期，规模与当时的茅台、五粮液旗鼓相当。一个年产值仅 300 多万元的县办企业，发展成轰动一时的国家大型二级企业。建设中国名酒基地，习酒厂希望凭借赤水河中游得天独厚的地理、地质优势，以下游习酒为“龙头”，茅台为“龙尾”，发展以名优白酒生产为主，集科研、金融、旅游、种植、养殖等多元化的产业集团，打造百里酒城。彼时，项目征地超过 5000 亩，施工队伍多达数万人。

在当时交通极不发达的习酒厂，还专门开辟了一条从贵阳到习酒厂的直升机空中航线，并建机坪。这是那个年代不可想象的事，成为轰动一时的新闻。

7 遭遇危机

扩充产能和提升价格，是白酒行业这一阶段获得市场和奠定行业地位的两大策略。习酒在扩展产能上不遗余力，但是却没能抓住涨价的风口飞起来。

1988年名酒价格放开之前，茅台、五粮液、泸州老窖、剑南春、汾酒等名酒在价格上处于同一梯队，但从1989年开始，以五粮液为首的名酒企业开始提价。1989年五浪液开始第一次提价，使售价达到30多元，超越了当时浓香型白酒领军品牌泸州老窖；1994年五粮液再次提价，超过了连续六年位居中国白酒销量第一的汾酒；1998年五粮液售价超过茅台，并将价格领先优势保持了10年以上，直至2008年以后，茅台价格才逐步提升，重新回到中国白酒价格第一的位置。提价，是一个产品形象、产品品质和品牌价值的一个综合变化，对于企业管理、市场定位、品牌宣传、产品包装都是有要求的。有了溢价空间，企业才有利润，才能投入更多的产能建设。囿于多种原因，习酒也略有提价，但是幅度不大。

从1992年开始建设以来，习酒厂内外危机重重。“八五”计划是在20世纪80年代国民经济高速增长和治理整顿经济环境的背景下制定的，在“八五”计划实施的第一年，习酒的发展引人注目，销售数据和运转情况，达到了新的高度。在1992年小平南方谈话和党的十四大之后，整个社会掀起“思想要再解放一点，胆子要再大一点”的建设高潮，习酒的步伐也伴随着社会进程加快。中国名酒基地正是在这一阶段实施的。1993年6月，国务院发布《关于当前经济情况和加强宏观调控意见》，采取紧缩政策，促使经济“软着陆”。经济整顿一开始，紧缩银根，许多地方的房地产热浪就应声而落，数千家开发商卷款逃离，遗留下大量荒芜的土地和空置商品房，遍地都是烂尾楼，而在习酒厂，则留下了许多半拉子工程，直到“十三五”计划的今天，还有一些当时的基础建设，仍然是荒废的。就内而言，规划认证不充分、资金准备不充分、风险评估不充分、工程管理不到位，是造成名酒基地建设成为半拉子工程的重要原因。其直接导致的后果，是影响到习酒生产经营的正常运转，尤其是现金流断裂。两亿元左右的建设资金花费出去，仅有大坡包装车间和大地的四个厂房投入使用，其他的基本上没有实质性的投入生产经营，对习酒的发展没有形成产业支持。

在计划经济向市场经济的转轨过程中，习酒经营管理的创新意识是比较超前的，胆子很大，比如率先花重金在中央电视台打产品广告就是一举。在很多传统企业还没有公司化运作的时候，习酒已经实施了二级分公司的经营治理模式，当时在武汉、南宁、昆明、漠河等地设置了10余家驻外分公司。分公司在销售和企业品牌宣传工作，起到了推进习酒发展的作用，但是也带来了若干问题；一是分公司被赋予了过高的财务权利，现金坐支现象严重。分公司需要产品，总公司就提供产品，但是销售收入，进入的是分公司账户，在制度不规范、现代财务技术设备不保障的情况下，财务漏洞极多，再加上转轨过程中，许多以前合作的粮酒公司已经从国营改制成私企，甚至是个人承包，而习酒公司还在采用托收承付等方式与这些企业结账，造成销售资金无法收回。直接导致了两个方面的损失，一是公司应收账款多，近 1 亿元；二是分公司许多营销活动的“大手笔”实则开销大而收效甚微，浪费严重，经营管理成本前后投入近 2000 万元。习酒公司曾组织大量人力物力进行催讨债务，最后注销的呆账近 8000 万元。对于一个年销售额近亿元、利润 2000 万元左右的企业，几年的利润没有了，企业无异是被掏空。

在销售市场一片旺盛的时候，习酒的自有产能没有跟上，同很多企业一样，习酒也面临基酒不足的问题。1990 年到 1993 年期间，习酒开始向外收购浓香基酒，以弥补产能不足。但是这一过程中，遇到了技术难题——货架期沉淀（酒出厂时没有沉淀，上货架后出现沉淀）。传统上，习水大曲的酒精度数为 58 度至 60 度，开始的时候，习酒出厂产品酒精度数是 57 度，几乎不存在降度问题。后来，市场对于产品的度数转向，接受 52 度的，产品需要加浆降度，采用的是厂区内井水加浆，由于井水里边的金属离子和酒里面的一些有机酸，发生化学反应，生成一些有机酸盐，出现沉淀反应。在这之前，习水大曲的产品有一定库存期，即使有沉淀，也已经下沉到坛底，但是市场销售旺盛的时候，收购来的基酒在勾调之后就外运上了货架，出厂的时候检验不出来，货架上一陈列，时间一长，沉淀就出来了。这个质量问题，简单讲就是水的问题，但在当时的技术条件下，却不得而知，以至于造成习水大曲口感变化，影响市场，大批的习水大曲返厂，失去客户，同时也导致很多货款收不回来。

酒厂建设占用大量人力物力，贷款没有效益；驻外公司导致应收账款增加，办公成本增加；质量问题导致大量的退货，经营成本陡增。三个问题同时出现，习酒生产经营现金流，可以说就没有了。三个问题，只消一个，就足以影响企业的发展，三个问题同时出现在习酒厂，这就造成了非常大的困难。

销售受阻，银根紧缩，资金投入严重不足，加上原辅料上涨，生产成本上升，企业无法正常生产，员工工资无法按时发放。

1994年，企业亏损220万元。

1995年，形势没有好转，发展岌岌可危。

习酒厂在习水县农业银行的借款占全行信贷资产的82%，面对习酒厂既不能还本金，也不能还利息的情况，银行开始派工作组进入酒厂蹲点调查。

12月23日，习水县农业银行驻厂信贷小组提交了《对3.6亿元借款企业面临问题的调查和建议》，全面呈报了习酒厂所面临的问题：习酒厂耗资 1.3 亿元的第三期技改项目大部分成了“半拉子”工程，加大了企业的债务，且导致企业无力从事产品结构调整，在“资金—市场—效益”三者间恶性循环。企业生产经营，举步维艰，所建工程不但不能进行正常生产，产生效益，而且还要由企业销售回笼承担该贷款的本金和利息。习酒厂在长期的生产经营过程中，缺少流动资金。自建厂以来，国家财政无偿投入极少（累计仅为 98 万元），但是累计上缴利税达 18,629 万元。为补充流动资金，迫使企业不得不高负债经营。此外，受经济大气候的影响，白酒市场受到严重冲击，企业产品由长时间的卖方市场变为买方市场，造成习酒厂应收账款清收难度大。企业没有资金购进包装物包装产品投放市场，车间被迫停产。当前，急需恢复生产，购买包装材料，包装产品后投放市场。

对于这样的情况，调查小组在报告中总结：对习酒厂支持与否？习水农业银行“骑虎难下”。

为此，恳求上级银行对习酒厂“何去何从”进行研究决策。

建议如下：

第一，习酒公司活，习水农行就活。此事系遵义地区农行经营成果。建议上级银行针对习酒厂存在的问题和发展优势，派员对习酒厂进行剖析诊断，找出企业症结的根本所在。

第二，调查结果如认为习酒厂还有复苏的可能，则尽快做出支持的措施方案。或选择对习酒厂第三期技改贷款在建工程1.3亿元，实行挂账停息（每年应付银行贷款利息1400万元左右）；继续适时注入适量信贷资金，让企业购进包装物包装产品，投放市场，增大产品的变现量，加速货款的回笼。购进原材料，恢复部分大曲生产，解决来年基酒缺乏的问题。同时加大信贷管理的力度，继续参与企业的生产、经营、财务管理，督促企业资金及时回笼，杜绝资金体外循环，归行资金分流使用，管好用活。

第三，调查结果如果确认习酒厂走出低谷无望，不应支持，那么习酒厂就只能利用现有库存产品变现，维持企业的生产、经营，逐渐走向资不抵债，直至走向破产。

遵义农行对此迟迟没有决定。

1952年到1995年，酒厂历史从无到有，从有到大，从白酒小作坊发展到建设中国名酒基地，从曾经负债累累的亏损企业成长为国家二级企业，从一个地方产品打造成全国知名品牌，当习酒人还在憧憬美好未来的时候，事业急转弯，企业突然在破产悬崖边缘。每一位习酒人都心急如焚，忧心不已。

在艰难行进的过程中，习酒厂先后组建起习酒集团公司（习酒总公司），横向并购企业，增加房地产、养殖、建材、印刷等业务范围；成立专门的市场欠资清缴工作组，解决奖金困难；之后，还与贵州省糖业烟酒总公司、贵州永隆包装彩印有限公司共同发起股份制改造，组建成立了贵州习酒股份有限公司（习酒总公司为控股公司），通过内部员工持股、认购捐资的方式缓解企业资金压力，但是效果都不理想。

在每年习酒厂的年终总结中，面临的问题都会有两个内容：申请解决技改资金；申请技改贷款持账停息。

摸着石头过河，是我们经常用来形容改革初期的成长路径。企业领导人，熟悉赤水河边的每块石头，但是面临的市场这条大河，石头要复杂得多，要么摸不着，要么摸着了，可能石头太大，很难绕过。

等待，寻求更新、更强大的力量，成为企业走出危险境地的希望。

1995年底（“八五”期末），按遵义地区审计局审计资料反映，习酒股份公司亏损2545万元，习酒总公司亏损6871万元，两公司累计亏损共9416万元，加上账面反映的潜在亏损，习酒厂累计亏损额超过1亿元。

8 提议组建茅台集团

在1994年5月，习酒厂向贵州省委、省政府提交“组建中国贵州茅台酒集团”报告。

报告认为，建立竞争性市场机制，有效分配和合理利用资源，是必然选择。国有大中型企业仍是国民经济的支柱。这些企业在计划经济中走得越稳，计划性越强，对市场的反应就越慢，受到的威胁就越大。国内区域性同行业间托拉斯似的企业集团组织将成为最佳选择，即在各自稳定发展的基础上，通过对其互补型优势的重组，形成以国际性带动民族性、全国性带动地方性的整体战略，结合成具有强大生命力和竞争力的集团组织，加入世界性的现代市场竞争角逐中，才能立于不败之地。因此，创立强硬名牌，立足国内市场，开辟国际市场，建立现代化的市场竞争机制，发挥国有大中型企业的实力和效益，这是联合与发展的根本。

贵州省作为西南山区省份，由于受到地理位置、自然条件等制约因素的影响，形成多年来一直以烟、酒为产业优势的格局，尽管烟酒受到国家行业限制，但在调整产业结构之初，尚未开发出其他产业并形成优势以前，仍应充分发挥名优酒优势，以一业为主，开展多种经营，形成跨行业跨集团的竞争优势，平稳过渡到农、林、牧等行业，达到最终共同发展，增强贵州经济实力。

白酒行业是低投入、见效快、高效益产业，国内白酒生产量一直处于上升趋势，尽管中国是世界白酒消费大国，有巨大的市场潜力。但近年来的白酒市场呈饱和之势。随着名优白酒企业的迅速发展，人们消费水平的不断增长，开始追求富含文化内涵的名牌消费。因此，以一个大众认可的名牌，带动地方优质白酒的集团军似的市场战略，能触及高、中、低档消费层，遍布各个市场角落。目前与贵州酒相抗衡的是川酒、鲁酒，在这场竞争中贵州酒原有优势大大受挫。西方洋酒进入中国白酒市场并夺走一部分消费者的同时，西方的白酒市场，也在等待开辟。

贵州茅台被誉为“国酒”，蝉联国家名酒五连冠，凝结着中国渊源和丰富的酒文化，多次荣获国际大奖，享誉国内外。在1993年全国白酒排行中，茅台酒产值仅居第十位，税利仅为第五位。而同属世界三大名酒，茅台与其他两个品牌比较：被誉为“生命之水”的苏格兰威士忌畅销世界190多个国家，销量达47.75万吨，是英国国库的主要来源之一。1992年出口额高达29亿美元，成为英国出口创汇最多的五大产品之一。在苏格兰就有近100家酿酒厂。产于法国西部的“人头马”牌科涅克白兰地，拥有5万家葡萄农户，约有2万户大小酒厂，322家商行，其产品畅销世界各地。习酒厂拥有酱香型习酒和浓香型习水大曲两大拳头产品，习酒是国家优质酒，习水大曲系老牌名酒。两个拳头产品均多次荣获国内国际金奖，畅销全国各地，并拥有一定出口量。已形成年产习酒1939吨和习水大曲2000吨的规模。习酒实行星级管理，并通过国内国际质量体系认证。制定了“四高两限，点面结合，重点突破”的市场营销方针。强化内部管理，导入以市场为核心的企业管理机制，增大企业参与市场竞争的强度，提高了经济效益。珍酒厂是茅台酒的异地实验基地，珍酒在工艺技术与质量标准上，均与茅台一脉相承，在省内有一定市场。怀酒厂距茅台甚近，是在茅台带动下发展起来的，已有十多年生产酱香型酒的历史。但在近几年的市场竞争中处于劣势。

通过以上分析比较，贵州酒存在下列优势：一是质量优势。好酒出自贵州便是广大消费者对贵州酒的中肯评价；二是名酒优势。拥有“国酒”茅台之称；三是人才优势。拥有以习酒人为代表的脑子活、开拓意识强的经营型人才，以茅台为首的科技型人才；四是地域优势。贵州酱香型酒厂均分布于赤水河畔，同属遵义地区，水质、土壤、气候环境相近。但是贵州酒也存在劣势：一是名牌战略优势发挥不够；二是高质量，低装潢，低价位，质量优势与经济效益优势均未得到充分发挥；三是闭关自守和“物以稀为贵”的小农经济意识严重存在。因此，组建“中国贵州茅台酒集团”，将贵州酒类企业的优势重组，扬长避短，最终实现集团效应，增强市场竞争实力。

1995年10月，习酒厂以“贵州习酒股份有限公司”名义向各级政府报告《贵州酒如何再创辉煌？关于组建中国贵州茅台酒集团的构想及建议》，希望借势壮大贵州名酒产业，同时也解决自身困境。

习酒厂为此提出了具体的组建方式为：一是将贵州现有酱香型酒厂——茅台酒厂、习酒厂、珍酒厂、怀酒厂，联合组建成——中国贵州茅台酒集团。新集团是新法人，原法人作为二级法人保留（后期报告，提出不保留法人），但名称在集团内做必要更改。集团作为为一级法人，所辖各厂实行分厂管理制，为二级独立核算单位，集团实行统一工艺技术、统一质量标准、统一销售；二是组建后的品牌建设问题。酱香型系列统一使用茅台酒，实行分星级管理，按八星、五星、三星（即高、中、低档）区别，对现有的习酒、珍酒、怀酒不再保留。浓香型系列使用习水特曲作为高档产品，习水大曲作为中档产品，习水酒作为低档产品。按此，集团便形成两种香型的高、中、低的产品结构。集团组建后，将成为贵州的大型骨干企业，真正成为贵州名优酒优势的“强人龙头”“其规模、经济势力在全国酒业称第一，甚至在国际上也有一定地位”，为此，建议“作为省政府的直属骨干企业”。

团结起来力量大，这是解决问题的一种有效方式。但是企业重组所面临的资产、责任、税收、就业等，统统都是大问题。新的企业组建，新的治理形式，面临诸多挑战，最直接的风险就是，情况糟糕的企业没有走出困境，而态势良好的企业却被拖垮。

1996 年，组建茅台酒集团的工作已经开始启动，但习酒厂没有入局。6 月，习酒厂以“贵州习酒总公司、贵州习酒股份有限公司”名义向习水县人民政府递交了《关于加入组建茅台酒集团的请示》，申请加入组建茅台酒集团。

历史时而冷酷，时而温情，时而暴戾，时而开个玩笑，但就是不给人一点间歇的时间。习酒厂从率先提出“组建中国贵州茅台酒集团”工作方案，变成申请加入“组建茅台酒集团”的请示，习酒的力量、身份和地位，已经发生了明显的变化。组建茅台集团，在接下来的时间，成为事实，但不是习酒所主张的模样。

人生道路也好，企业发展道路也好，看似漫长，但紧要处常常只有几步，特别是当人年轻的时候，企业初期成长的时候。没有一个人的生活道路是笔直的、没有岔道的。有些岔道口，譬如政治上的岔道口，事业上的岔道口，个人生活上的岔道口，走错一步，可以影响人生的一个时期，也可以影响一生，企业同样如此。

1997年，香港回归中国，中国大地普天同庆。

1997年，中国年平均工资约6500元，习酒员工4048人，人均负债13万元。

习酒人，去哪里？

人们总是宁愿关心习酒对外的广告宣传、重大事件，而很少去了解一位普通习酒人波涛汹涌的内心。

尽管习酒厂的冬天从来都不太冷，但那几年的冬天格外萧瑟。冬天变化树木的时候，时光变化叶子。习酒厂有人不得已离开，有人继续留下等待。无论离开与等待，习酒人对习酒厂的情感恰似习酒河谷两岸恒久不变的山崖：有时候看起来给予世界的愉快并不那么张扬，但它坚定的存在。

习酒厂历史上所创造出的那些有影响力的活动，那些场景、那些新闻，以及与那些高不可攀的象征权力与声望的名人建立起来的联系，让习酒人印象深刻，或许是很多习酒人在彼时还没有拥有自己独行的人生愿望，以及为了自己的愿望可以做什么事情的时候，习酒厂在每个人的生命中给予了这样的机会，凭借流动的习酒，凭借光芒的习酒理想，来向这个世界呈现习酒人的审美观，习酒人的才华，习酒人的能力，从无到有，从美好到光荣，大家对习酒爱到自然而然，把自己深深地藏在“了不起的习酒”的华丽身影之下。从那许多前无古人、甚至是后无来者的事件中，我们能感受得到，当时习酒人的内心经历过怎样的喜悦，怎样的兴奋，那些之前像雨后春笋一般从各地冒出来的销售店面，进进出出在厂里排起长队拉酒的货车，那些漫山遍野、遍地开花的工地基建项目，那些远道而来的名人、歌星，那些新闻电视里才出现的领导，给习酒人带来多少内心的美好。

这是习酒人的灵魂在对“天行健、地势坤、云雷屯”的热烈表达。

存在，就有意义。

但是，岁不如愿。

1996 年，习酒厂亏损 1481.2 万元。

9 长江工程

1997年1月，中国贵州茅台酒厂成功改制为中国贵州茅台酒厂（集团）有限责任公司，下辖9个子公司，但不包括习酒厂所提议的所有酱酒企业。新组建的茅台集团确定以“发挥茅台名牌、名厂优势，多元化发展，高科技开发”的发展战略，走规模经济效益之路。

亚洲金融风暴给世界经济带来的巨大冲击，中国未能幸免。习酒的系列产品不但卖不出去，而且成批的退货，运去东北的习水大曲，成车皮退回。企业没有流动资金，银行给不了贷款，同时加紧追收到期贷款本息。公司无法购进原料和包装材料，制酒、包装生产基本上停产，职工轮流上班，三年未发全额工资。

习酒厂是习水县的财政支柱企业，企业的效益，直接影响了这个国家级贫困县的财政支出。企业和地方政府都积极寻找收购和兼并单位，想尽快盘活习酒厂。通过联系，远在广州的三九企业集团[01]愿意兼并习酒厂，并派人进驻

---

01 三九企业集团是国务院国有资产监督管理委员会直接管理的国有大型中央企业。集团组建于1991年12月，由原国家经贸委、中国人民解放军总后勤部批准成立，其前身是总后勤部所属企业深圳南方制药厂。集团以医药为主营业务，以中药制造为核心，同时还涉及工程、房地产等领域。

习酒厂调查了解情况，进入谈判阶段，并达成意向性协议。三九企业集团是国务院国有资产监督管理委员会直接管理的国有大型中央企业，由原国家经贸委、中国人民解放军总后勤部1991年12月批准成立，前身是总后勤部所属企业深圳南方制药厂。

3月2日，习酒厂以“贵州习酒总公司”的名义，向习水县人民政府提交报告，同意三九企业集团整体兼并习酒厂，报告盘点了习酒厂的基本情况。

习酒厂是国家二级企业，现已形成年产酱香型白酒5000吨、浓香型白酒8000吨的生产能力，主导产品习酒、习水特曲、习水大曲拥有较大的市场占有额和较高的产品知名度，曾先后评为省优、部优、国优并获国内外各种大型奖40多次，产品质优价廉，深受消费者欢迎和喜爱。习酒厂创建三十多年来，在国家只投资98万元的情况下，靠自身的艰苦努力和顽强拼搏，创造了声誉卓著的习酒、习水特曲、习水大曲，创造了7个多亿元的资产（不含土地、商标等无形资产），累计上缴国家财政超过1.8亿元，在经济效益好的1991—1993年，每年入库税收3000多万元，占比超出整个习水县财政收入的70%，成为习水县唯一的骨干支柱企业，同时习酒厂还带动了习水县相关配套行业的发展，可以说，习酒厂对国家、对本地区经济的发展功不可没。但近几年，特别是1994年以来，习酒厂和全国许多国有大中型企业一样，由于受国家宏观经济调控的影响，加之“三角债”困扰以及白酒市场疲软，原辅材料上涨，资金严重不足，企业生产经营步履维艰，运转十分困难，尤为严重的是习酒公司债务负担重，债务结构不合理，特别是“三期技改”因政策性因素未建成产生效益而使企业背上了沉重的贷款本息包袱，第三期技改贷款14058万元，累计欠息6000多万元，严重阻碍了企业的发展，习酒厂尽管有较大的内在优势和较强的实力，但由于流动资金严重不足，无法正常生产经营，所以优势难以得到发挥。习酒厂一贯坚持“困死不如斗活”的观点，一是挖掘内部潜力，发挥自身优势，走内涵发展道路；二是利用国家优惠政策，挂靠优势地区或大企业集团，走外延发展道路。为了盘活资产，搞活企业，习酒厂愿意让有优势、有实力、效益好的大型企业集团兼并。两者都是国家的重点试点企业，可享受国家的许多优惠政策，而被试点企业兼并的亏损企业同样可以享受“贷改拨”“挂帐停息”和核销不良债务、税收优惠等政策。

与此同时，习酒厂还呈报了被三九企业集团兼并后的发展规划。

以“浓酱并举，南北并进，营建习酒大市场”为目标，实施“贵州习酒长江工程”，对产品结构做调整，进行品牌统合，计划利用7年时间，实施名牌战略，努力开拓市场，实现效益经营。作为整体思路中的关键步骤，“贵州习酒长江工程”将利用三至五年时间开发并占领长江流域白酒市场。彼时判断，上海的飞速发展和重庆直辖市的设立，定会以上海为龙头，重庆为龙尾的长江经济带成为中国经济建设的一大热点，将带动沿长江流域的经济飞速发展。白酒销售市场基本上由北向南转移，经济发达地区的消费水平提高，而当时风行的鲁酒、皖酒不能适应这种需求。习酒厂产品近年不断向中高价位挺进，内部做了充分准备，因此，明确地提出此战略。中国白酒市场年需量约为400万吨，而年产量达600万吨，由于供需的突出矛盾，所以白酒竞争异常激烈，全国的名优酒都受到极大的冲击，造成了白酒进入市场经济环境后的巨大阵痛。习酒由于受香型和品牌知名度的限制，造成8000吨酱香型酒的库存积压。所以习酒厂调整后开发出浓香习酒，扩大市场，先把企业搞活。但要真正盘活习酒库存，变包袱为效益，还须开发新产品，占领新市场。利用三九企业集团的名牌效应，进行品牌延伸，利用酱香习酒开发新产品——“999酒”和“999醇”。这两个产品的目标是做到“三最”：中国最好的酒质，酒龄为10年至30年；中国最高档的包装，拟请最权威的专家设计；中国最高的价位，工厂价分别为399元/瓶和299元/瓶，该产品请国内或国际权威部门监制。在营销上，选择高档消费群体，以深圳为基地辐射整个沿海地区，进发香港和澳门，逐步占领东南亚市场，注册境外，炒热北京。

之后，三九企业集团兼并习酒厂没有成功，“贵州习酒长江工程”战略也没有得到实施。有遗憾者认为上述合作运行成功，三九企业集团将让习酒将成为中国酒业最具实力和知名度的企业之一，三九企业集团在酒业的发展进程也将突飞猛进。另外的观点，则认为在管理和渠道上，与习酒分属不同行业。两个企业走在一起，形成了新力量，有成功的可能，同时也存在着新的若干风险，而且失败概率极大。

或许，三九企业集团和习酒厂之间没有成功的合作，如同没有成功的爱情，要么苦于终成眷属的厌倦，要么苦于未能终成眷属的悲哀。但是，无论如何，两者在一起的新生活，一定是双方所未经历过的。

10 茅台入主

1997 年 5 月，在中国名酒基地的另一端，中国贵州茅台酒厂集团、中国贵州茅台酒厂（集团）有限责任公司在贵阳市举行授牌仪式，时任中共中央政治局委员、全国人大常委会副委员长田纪云祝贺集团公司成立并题词:“祝贺中国贵州茅台酒厂集团、中国贵州茅台酒厂（集团）有限责任公司成立。”

在三九企业集团兼并习酒谈判期间，茅台集团启动了兼并习酒的议题。赞成者认为，茅台兼并习酒，有利于扩大茅台产能，搞好了，不仅是对习酒厂的支持，而且是对贵州经济发展的支持，更是对习水贫困县的支持。但是，兼并习酒厂不是没有难度，而是难度很大，不是一般的困难，而且还有估计不到的困难。有人认为习酒厂，有近三千名职工都下岗，“八五”扩改建工程中途停下来，习酒正在失去市场，问题十分严重。这个摊子，捡来背起，是个大包袱，是要吃大亏的，是自找麻烦。

习酒厂对于茅台兼并习酒，也是赞成者有，反对者有。赞成者认为企业走出困境，需要有人帮扶；反对者认为习酒厂有自己的能量可以自救，也有企业愿意来救，茅台的企业势力，并不足以兼并习酒。

省轻纺工业厅、省政府有关领导对此事态度，也十分慎重。时任遵义地区行署专员的申诚同志随后亲自主持几次专题会议，征求各方面的意见，并向上级部门汇报。

最终，遵义地区对茅台兼并习酒达成基本共识。

第一，中国贵州茅台酒厂（集团）有限责任公司兼并习酒厂，可以充分利用当前国家鼓励兼并企业的政策，发挥茅台酒的名牌优势和技术优势，不断壮大茅台酒厂（集团）有限公司实力，较快地实现多系列、多档次、多品种规模生产不断扩大市场占有份额，提高规模效益，使中国贵州茅台酒厂（集团）有限责任公司在激烈的市场竞争中永远立于不败之地。

第二，通过兼并习酒厂进行资产重组，可望盘活习酒厂存量资产，促使习酒厂走出困境，带动地方经济发展，有利于社会稳定。

第三，习酒厂是贵州省名优酒重点企业，具有一定生产规模，而茅台酒厂具有国酒的品牌和较为广泛的市场，通过兼并，有利于充分发挥两个企业各自的优势，有利于新企业开发新产品和调整产品结构，加之茅习公路建通后两企业相距仅50公里，给茅台统一管理提供了有利条件。对于茅台的风险在于兼并后，茅台负债率增高，资金需求量增大，将对其资本运作能力提出新的更高要求；此外白酒市场竞争激烈，宏观调控力度加大，兼并后企业产量迅速增加，产品营销和拓展市场难度增大，特别是规模扩大后，给人才需求和素质提高带来新的挑战、新的难度。

1997年5月19日，贵州省轻纺工业厅召开厅长办公会议，研究茅台兼并习酒事宜，原则同意实施兼并工作。

1997年5月22日，贵州省轻纺工业厅向省人民政府做专题呈报。

1997年6月6日，时任贵州省长吴亦侠同志主持召开省长办公会议，专项研究习酒兼并事宜。副省长王广宪、袁荣贵、莫时仁、楼继伟、经济顾问谢养惠、秘书长张佩良、副秘书长胡中兴、曹新忠、杨通华、李克强、张克湘和省计委、省经贸委、省体改委、省财政厅、省轻纺厅、省商务厅等相关领导出席会议。

会上，首先通报习酒厂的基本情况。

习酒厂为贵州省主要白酒生产企业之一，通过“八五”技改，已具有年产5000吨酱香型酒、8000吨浓香型酒的生产能力。近几年，由于受市场、资金等多种因素的影响，生产经营陷入困境，产量、销售收入、利税逐年下降，已连续三年亏损，已经到了资不抵债的境地，形势十分严峻。今年2月以来，深圳三九企业集团先后几次派人来省考察，提出兼并习酒厂和鸭溪酒厂。遵义地区行署、习水县专程赴深圳考察，并与深圳三九企业集团签订了意向协议。根据习酒厂与三九企业集团签订的协议书和补充协议，省有关部门认真分析了习酒厂与三九企业集团所签订的协议书，认为三九企业集团承诺上缴税款偏低，且兼并后需要5000万元的生产启动资金贷款，三九企业集团本身不投入，要求由当地政府协调银行贷款；此外，在人员安置上，三九企业集团强调富余人员以地方政府安置为主，三九企业集团协助安置，地方政府压力增大。

对此，贵州省轻纺厅党组进行了研究，认为茅台用活用好国家关于兼并的政策，兼并习酒，不仅可以盘活习酒厂的存量资产，使习酒走出困境，带动地方经济的发展，而且有利于茅台酒厂较快地实现多系列、多层次、多品种的规模生产不断扩大市场占有份额，提升规模效益，能较快地实现发展壮大，为重振贵州名优酒雄风做出贡献。遵义地区行署也表示欢迎茅台实施兼并。省企业兼并破产职工再就业协调小组认为，由茅台实施兼并习酒的条件已经成熟。

经过会议讨论研究，形成了三项决议。

第一，原则同意贵州茅台酒厂（集团）公司兼并习酒厂。

第二，由莫时仁副省长负责，组织贵州省有关部门对茅台酒厂（集团）公司要求兼并习酒厂的原因、理由和在同等条件下，同三九企业集团兼并相比的利弊等有关问题，进行详细的论证，尽快写出书面报告，报省委审定。

第三，由贵州省轻纺厅会同遵义地区行署，研究一个在感情上、实际意义上都能让三九企业集团接受的理由，答复三九企业集团，对他们积极参与贵州省的经济建设，表示衷心的感谢。

1997年6月9日，上述决议，以报告呈交贵州省委；贵州省委同意贵州省政府意见。

第三篇 兼并过程

11 意向协议

1997 年 6 月 13 日，贵州省政府组织各方召开的中国贵州茅台酒厂（集团）有限责任公司兼并贵州习酒总公司协调会议。时任茅台副总经理刘自力和习酒总经理陈星国分别代表兼并方和被兼并方在意向协议书上签字。

茅台和习酒双方确认：中国贵州茅台酒厂（集团）有限责任公司（甲方）、贵州习酒总公司（乙方）本着平等自愿、互利互惠、共同发展的原则，经甲乙双方充分协商并取得共识，达成如下意向性协议。

第一，甲方同意兼并乙方，乙方同意由甲方兼并。

第二，乙方的资产与负债由甲方委托贵州会计师事务所审计。

第三，国家有关兼并的优惠政策以及各级政府承诺的优惠条件，由甲乙双方共同向政府提出，并请求予以落实。

第四，兼并实施方案，由甲方尽快提出，在征得乙方产权代表机构和有关部门同意后，甲乙双方再签订兼并的正式协议书。

第五，甲乙双方应当加快兼并工作步伐，组建兼并工作班子，实施兼并工作的具体事宜。在兼并工作期间，双方都应做好职工思想稳定工作，力求做到兼并、审计、生产启动同步进行，确保兼并工作的顺利实施。

双方签订的协议书一式七份，双方各执一份，报省政府、地区行署、县政府、省经贸委和省轻纺工业厅各一份。

自此，茅台酒厂（集团）公司兼并贵州习酒总公司进入兼并的实施阶段。

兼并双方基本情况及基本工作安排如下：

（一）茅台

隶属贵州省轻纺工业厅，是国家特大型企业，全国白酒行业唯一的国家一级企业，全国500家经济效益较好的企业之一，是全国知名度最高的企业之一。具有4000吨茅台酒的生产能力。其主要产品为贵州茅台酒、茅台女王酒、茅台威士忌、贵州茅台醇。现有职工3398人。1996年年末，企业资产总额为143698万元，总负债为7352万元，资产负债率为55.6%。工业总产值达36797万元，销售收入41203万元；实现税利25.284万元（其中利润10690万元）；企业短期借款26560万元；长期借款19381万元。

（二）习酒

隶属习水县轻工局，国家大二型企业。具有年产5000吨酱香型酒，8000吨浓香型酒的生产能力。主要产品：习酒、习水特曲、习水大曲。1996年年末，企业资产总额为73568万元，总负债为76011万元，资产负债率为103.32%。企业欠银行贷款50175万元（本金33986万元，利息16189万元）。连续三年累计亏损3557.2万元。

（三）兼并后的基本工作

一是企业实现兼并后，新企业按国家规定重新注册登记，新企业名称以重新登记注册的名称为准，其法人代表由中国贵州茅台酒厂（集团）有限责任公司委派。二是兼并后新企业属中国贵州茅台酒厂（集团）有限责任公司的全资子公司，是实行独立核算、自主经营、自负盈亏、自我发展、自我约束的法人实体和市场竞争主体，并独立承担民事法律责任。三是新企业将实行新机制，全面推行干部聘任制、劳动合同制和经营者年薪制，以调动全体职工的积极性，增强企业活力。四是以现有产品为基础，积极开发新产品，提高产品质量和档次，理顺原有销售渠道，开拓新的市场。加大宣传营销力度，努力实现产销平衡。五是实施兼并后，新企业尽快启动生产，恢复正常生产秩序。

（四）兼并工作的组织领导及推进计划建议

一是茅台兼并习酒的工作涉及面广，要协调解决的问题多，政策性也较强，是一个复杂的系统工程。鉴于茅台和习酒分属两个系统，兼并工作涉及县、地、省三级政府及银行等部门有关事务，为妥善处理好各方面的利益关系，顺利实现产权交接，此项工作由省经贸委和遵义地区行署牵头，有关政府和部门参加，密切配合。

二是中国贵州茅台酒厂（集团）有限责任公司迅速组成兼并习酒厂的工作班子，着手进行兼并工作的具体策划及兼并后恢复生产的各项准备工作。

三是请省政府召集有关地县部门和企业开会，部署对兼并工作的具体要求。请省经贸委主持召集省轻纺厅、遵义地区行署、省商务厅、习水县政府、中国贵州茅台酒厂（集团）有限责任公司和习酒厂开会，讨论兼并方案、兼并协议书内容及具体兼并事项。

四是请遵义行署召集习水县人民政府、习酒总公司（习酒股份有限公司）开会，确定清退非国有股份的具体办法和时间，并抓紧运作；同时，研究确认经省经贸委、省轻纺厅、遵义地区行署、习水县政府、中国贵州茅台酒厂（集团）有限责任公司、习酒厂共同讨论通过的兼并协议书内容。同时，请习水县劳动部门审查并确认习酒厂截止到1996年12月底前的在册职工构成情况，并出具翔实资料。

五是请双方认可的审计机关安排对习酒厂进行资产及资产负债审计，确认资产负债详细情况。

六是请省经贸委牵头，由中国贵州茅台酒厂（集团）有限责任公司、习酒厂、省轻纺厅、遵义地区行署、习水县政府共同签订兼并协议书。

七是请省政府或省政府的授权部门审批兼并协议书。

12 资产、税金及职工安置

1997年6月23日，遵义地区行署召开会议，对兼并工作的具体事项进行研究，并形成决议。

第一，资产问题。习酒厂不良资产、不确定资产、有争议或未入账的负债处理，涉及面广，是兼并的主要难题，请省兼并工作班子统筹解决，地县将努力配合。

第二，税金上缴问题。地县同意兼并第一年（1997）上缴各种入库税金（不含所得税）500万元，第二年（1998）上缴各种入库税金（不含所得税）700万元。要求从兼并第三年（1999）起以700万元为基数，到2004年，按年递增10%上缴。对每年按商定上缴入库后的剩余税额，同意国税部分做挂账处理，地税部分先上缴然后返还新企业归还银行贷款，六年内（1999—2004年）企业所得税全部留给新企业作为归还银行贷款和生产发展之用。

第三，习水县政府借给习酒厂的信贷资金，属县财政资金管理所的信用资金和拆借干部职工的房改资金，不能转作国家资本金。

第四，请省有关部门帮助协调报批解散习酒股份有限公司，地县将协调解决非国有股本处理工作。

第五，建议兼并后，兼并方派出生产技术管理人员与原企业管理干部共同承担管理工作。

上述决议上报省政府后，省政府召开省长办公会议讨论研究，并报省委常委会议通过。

省轻工厅派出副厅长为组长的兼并工作组到习酒公司具体指导帮助兼并工作，茅台酒厂（集团）公司派出刘自力任董事长、总经理，和习酒公司原来的多数领导成员一起，组成新的领导集体开始实施兼并工作。

针对兼并工作的具体实施，茅台提出了如下关键事项：

一是资产与负债问题。

资产与负债由经双方认可的省级审计机构审计，兼并双方认可，由兼并方接收。习酒厂不良资产、不确定资产、有争执或坏账的负债，由遵义地区行署、习水县人民政府负责处理。原习酒厂的无形资产如厂名、商标、品牌等的所有权、使用权、处置权等全部属于兼并后的新企业独家所有。按国家政策规定，原习酒厂所欠银行贷款利息全部免除，所欠银行贷款本金由兼并方签订还款计划，在七年内还清；在计划还款期内对被兼并企业原欠贷款本金实行全额免息。

二是职工安置问题。

根据生产经营的需要（反复讨论、测算，人数和企业发展阶段的规划必须匹配，否则成本过高，企业无法渡过难关），新企业接收原企业员工不超过1500人，其余员工由遵义地区行署、习水县政府妥善安置，与新企业完全脱离关系。由新企业向习水县人民政府支付300万元人民币作为安置补偿。

三是新企业的生产启动问题。

中国贵州茅台酒厂（集团）有限责任公司根据新企业生产经营的需要，尽力注入部分生产流动资金，不足的大部分流动资金请地方政府协调，由新企业向银行贷款，由中国贵州茅台酒厂（集团）有限责任公司担保。兼并后由兼并方派出一定的生产、技术、管理人员与原企业有关管理干部共同承担生产启动工作。

四是税金上缴问题。

兼并正式实施后第一年，上缴入库各种税金（不含所得税）500 万元；第二年上缴入库各种税金 700 万元。从兼并第三年起，以 700 万元为基数，6 年内每年按递增 6% 的税金上缴。每年按商定上缴入库后的剩余税款，国税部分作挂账处理；地税部分先上缴后返还作新企业归还银行贷款；6 年内（含第 6 年）企业所得税全部留给新企业作为归还银行贷款和生产发展之用。

五是利润分配问题。

新企业实现的利润按规定提足“两金”后，前 7 年用于归还银行贷款，剩余部分 80% 投入新企业和当地发展，第 8 年至第 10 年以 60% 投入新企业和当地发展。

六是企业办社会问题。

原习酒厂所属的子弟中、小学校的房产所有权及所有教职员工无偿划转给习水县人民政府管理，学校的其他一切费用、事务与新企业无关。职工医院等社会设施暂时由新企业进行管理。请求政府帮助解决的其他问题。请求原习酒厂所欠各级政府部门的借款本金以及借省经委技改基金、省计委基建基金的本息余额全部转为国家资本金；原习酒厂所欠国家税金和所欠“两金”请求税务部门全部豁免；原习酒厂“拨改贷”借款如有余额请按规定全部转为国家资本金；请求地方政府加快“茅习”公路的修建开通，以利于企业的发展；请求贵州省政府将国家给予 111 家优化资本结构试点城市、10 家建立现代企业制度试点企业及 500 家重点企业的优惠政策，同样给予中国贵州茅台酒厂（集团）有限责任公司。三年内，将中国贵州茅台酒厂（集团）有限责任公司上缴的所得税部分返还，用于补充债务与资产间的差额；请求遵义地区行署、习水县人民政府将原给予三九企业集团的承诺同样给予中国贵州茅台酒厂（集团）有限责任公司。

此外，为使兼并工作顺利进行，对于非国有股本处置方案由遵义地区行署、习水县政府、兼并后的新企业以及习酒股份有限公司董事会按照国家有关规定协商解决；请求遵义地区行署、习水县人民政府、习酒镇人民政府积极为新企业提供和创造良好的生产经营环境，保证国家及各级政府给予新企业的优惠政策及措施得到落实，帮助协调企业与周边的关系，规范和约束当地各有关部门、单位的行为，认真落实国家关于治理“三乱”等规定，支持保护新企业和兼并企业的正常生产经营；为支持新企业尽快走出困境，新企业的产品计税基价请求适度调低；同时请求遵义地区行署、习水县人民政府帮助协调解决习酒厂在三期技改中的一些遗留问题。

1997 年 7 月 7 日，习酒厂经过研究，形成决议，以贵州习酒总公司的名义，向习水县人民政府和贵州省轻纺工业厅行文，汇报兼并准备工作中的重要问题。

一是截至 1997 年 6 月的资产负债情况。

按资产负债表反映[01]，总资产 78906 万元，总负债 74249 万元，所有者权益 4657 万元。账面反映资产负债率为 94.1%；如将历年转入的待摊费用、待处理财产损失和无形及递延资产的损失及费用调整计入损益，资产负债率达 123%;如再考虑应收账款、存货等资产中的潜在损失，资产负债率实际将高于 123%。

二是习酒股份有限公司解散问题。

习酒股份有限公司现实收总股本 49991737.12 元，其中习酒总公司以资产作价 2600 万元入股，社会法人股 1369 万元，内部职工股 10301737.12 元。根据股份公司的特殊实际情形，对股金应考虑分别方式处理：对职工股和社会法人股中以现金投入的部分应清退本金计 10861737.12 元，同时给予银行同期存款利息的补偿，从 1994 年 9 月至 1997 年 6 月，应计补利息 3356276.80 元，扣除这期间已发股民 1683562.50 元，实际需补利息 1672714.30 元;对社会法人股中以债权转投的 1313 万元，转入新企业负债，但应确定在一定期限内偿还。

三是人员问题。

在册职工 4048 人，其中固定工 574 人（干部 272 人、工人 302 人），合同制工人 624 人，合同工 2850 人。另正式退休 39 人，内部退养 71 人。子校 45 人，医院 22 人。企业在历次技改征地中需安置征地户进厂人员 1251 人，且公司已扣收安置费计 1748318.97 元，已安排 814

01 经当时工作核查，对前期意向性协议的数据做了调整。

人（有的已转为合同制工、有的是合同工），未安排的有 437 人，未安排人员中有 423 人已扣收安置费 804151.54 元。除了征地户有安置费进厂外，公司历次面向社会招收的合同制工、合同工还实行了进厂交纳技术培训费的办法，有 1725 人交了技培费 621720.08 元。由于公司自 1984 年起在内部用人上打破工人性质界限，现在各种岗位上都有合同工，有的已成为骨干。鉴于以上因素，在人员安排上除了固定工和合同制工外，还应充分考虑到征地户和合同工的安置。

四是欠习水县内企业单位应付账款情况。

截至 1997 年 6 月，公司应付账款和其他应付款总计 8186 万元，其中应付县内企业单位 56 家，金额 3117 余万元，严重影响了所欠企业的正常生产经营，在兼并工作中应予妥善解决。

五是公司经营现状。

由于兼并工作从年初提上议题至今未能尽快实施，造成银行不能注入资金。现在生产除包装在小量间断进行外，其他已连续停产；市场营销工作因方向未定，业务开展异常困难；机关已实行轮流上班，整个生产经营处于极不正常的状态。以上问题都与兼并工作密切相关。只要政策到位，措施有力，公司仍有克服和解决的信心。但为了有利于兼并工作的顺利实施和兼并后企业的发展，特提请政府及有关部门、兼并方予以重视，认真研究解决。

13 领导小组

1997年7月9日，贵州茅台酒厂（集团）公司指派刘自力、马应钊、谭定华、陈应文、陈明英、方旭、盛华刚、徐强、陈祖江等组成的考察小组进驻习酒总公司进行考察，并于15日考察组工作结束，向集团公司提交考察报告。

7月28日，贵州省政府召开关于贵州茅台酒厂兼并习酒总公司专题会议。

会议由莫时仁副省长主持。省计委、省经贸委、省体改委、省轻纺厅、省财政厅、省国资局、人行贵州省分行等部门、单位负责人参加了会议，听取了由省轻纺厅、遵义地区行署组成的联合调查组关于习酒总公司基本情况及兼并工作中涉及的有关问题的汇报，就兼并中的有关问题进行研究。会议形成决议。

一是根据国务院国发[1997]10号文件的有关规定精神，茅台兼并习酒，原企业所欠银行贷款利息全部免除，贷款本金在兼并后分期偿还，在计划还款期内原欠款本金免息。具体有关手续由省兼并破产协调小组办公室按国务院国发[1991]10号文件要求办理。

二是关于习酒总公司的不良资产以及债务的处置问

题。鉴于被兼并企业前发生的不良资产数额巨大，且又不属清产核资的时间范围，须比照清产核资政策报省政府批准。具体办法由省轻纺厅会同习水县政府按清产核资的规定进行认真审核落实，区别情况，对照政策，提出处理意见，报经省财政厅、省国资局确认后呈省政府审定批准。其中：凡属符合清产核资可核销的，做“账调案存”处理，属个人违纪造成损失的，应追究有关人员的责任。企业的债务，经审计确认后，按国家政策规定，由兼并企业承担。为确保兼并工作的顺利进行和新企业正常生产经营活动，会议要求遵义行署、习水县政府做好债权单位的工作，顾全大局，待新企业有效益后，分期偿还债务。

三是关于习酒总公司所欠各级财政性借款本息余额为国家资本金问题。企业所欠地、县财政性借款本息余额原则上全转为国家资本金，但借款中挪用的房改基金，不能转国家资本金，由新企业分期偿还款期间停止计息，欠息予以免除。鉴于省财政借款数额较大且来源于中央财政，能否转为资本金，提请省长办公会议定。

四是兼并实施后，习酒厂原欠国家税金，国税分挂账处理，地税部分上缴后全额返还。所欠“两金”予以免除。具体办法由企业直接向财税部门申报商定。新企业在还款期的税收实行优惠，上缴税金基数；增幅度及解缴办法，由企业与税务部门本着实事求是的原则商定，县政府负责协调。

五是鉴于茅台酒厂兼并企业后资产负债率大幅度上升的实际情况，联合调查组提出建议：根据省发［1996］21号和黔府发［1996］21号文件精神，将茅台酒厂实际上缴所得税的40%返还企业，用于兼并后企业减轻负债和补充资本金。但由于茅台酒厂是贵州省为数不多的盈利企业，且上缴的所得税数额较大，返10%会影响省级财政收入。为慎重起见，会议讨论后确定此问题提请省长办公会议定。

六是关于习酒厂在三期技改中土地和农转非安置遗留问题，由遵义行署牵头，组成由县政府、企业参加的工作小组，负责妥善处理。

七是关于茅台酒厂兼并习酒厂后人员的安置问题。会议确定按新企业生产需要核定接收人员，习酒总公司1500人（另有退休和内退的113人，也由新企业负责接收）；富余人员由遵义地区行署牵头，习水县政府和新企业参加进行安置。为做好富余人员安置工作，由茅台酒厂一次性支付习水县政府100万元。

八是为稳定职工队伍，同时考虑到习水县政府的困难，原习酒总公司子校及职工医院仍由新企业管理。新企业免交教育附加费、专项用于企业办学，期限暂定为5年，5年后，按省发［1996］21号文件精神办理。

九是关于解散原习酒股份公司的问题。由于原习酒总公司运作不规范，存在的问题多，处理难度大，决定由省体改委牵头、省国资局配合进行调查并提出办法。

1997年8月中旬，贵州省长吴亦侠主持召开省长办公会，听取贵州茅台酒厂（集团）兼并贵州习酒总公司的情况汇报，全面实施兼并工作。

1997年8月26日，习酒总公司总经理陈星国辞世。次日，习水县政府决定，习酒总公司由党委副书记黄远高主持工作。

1997年9月6日，贵州茅台酒厂（集团）公司兼并贵州习酒总公司领导小组成立，茅台酒厂（集团）公司董事长季克良任组长，遵义市政府秘书长杨昌蒲、贵州习酒总公司党委副书记黄远高等任副组长。9月9日，贵州茅台酒厂（集团）公司兼并贵州习酒总公司领导小组进驻习酒总公司开展工作。

1997年12月19日，根据省人民政府批示，贵州习酒总公司正式解散（贵州习酒股份有限公司于11月解散）。习水县人民政府下达任职通知，在实施兼并的过渡阶段，聘任刘自力任贵州习酒公司总经理，马应钊、李平为副总经理，领导公司生产经营，并负责处理贵州习酒股份公司解散的善后工作。同期茅台入驻企业后，确定以刘自力为总经理的茅台管理团队，加上原有酒厂企业人员，着手企业经营管理。

由省轻工厅、遵义市政府、习水县政府、茅台酒厂（集团）公司、习酒总公司共同组成兼并小组开展兼并工作，自9月进厂后，采取“边生产、边销售边兼并”的“三边”

措施，由茅台注入300万元资金启动生产，恢复销售。先后启动9个生产车间，共生产浓香型酒823吨，其中9—12月生产201吨，全年销售产品2680吨，其中9—12月销售996吨，全年实现销售收入7306万元，其中9—12月实现3091万元。全年回笼货款8262万元，其中9—12月回笼2975万元。

1997年的销售收入和货款回笼和1996年相比有一定幅度的增长。

兼并小组上报和请求落实优惠政策的31份报告，目前除1份免息的报告国家尚未批复外，批复29份（1份正在操作中）。公司确定“解放思想，振奋精神，转机建制，加强管理，强化销售，节流开源，减亏增效”的工作目标，力争实现1998年“264512140”目标，即完成年产浓香型白酒2600吨，销售各种白酒4500吨（含新产品）实现销售收入1200万元（其中新产品销售收入确保达到3000万元以上），实现贷款回笼1.4亿元，安全事故为零。

14 兼并之意义

1998年，习酒厂的新历史，序幕开启。

1月18日，中国贵州茅台酒厂（集团）有限责任公司兼并贵州习酒总公司工作领导小组递交正式呈报兼并可行性报告，再次对习酒厂情况进行盘点。

习酒厂隶属习水县商务局，国家大二型企业，具有年产5000吨酱香型酒、8000吨浓香型酒的生产能力，主要产品有：习酒、习水特曲、习水大曲等。到1997年12月31日，企业资产总额为5.9358亿元，总负债为8.2339亿元，资产负债率为139%。在负债构成中，欠银行贷款5.8487亿元，其中本金3.5589亿元，利息2.2898亿元，欠各级财政性借款本金4210万元，利息和占用资金1489万元。欠应交税费6629万元。现有职工4047人，其中固定工573人，合同制工人2850人，征地保留名额未进厂453人，退休职工114人。1997年，企业共生产白酒823吨，销售2600吨，销售收入7144万元，实现税金1266万元，企业亏损3852万元。

首先，兼并的目的和意义

本次兼并的目的，是推进国有企业战略性改组，加快茅台集团公司实施大集团、大公司战略的步伐，实现低成本扩张和规模效益，壮大茅台实力，发挥名厂名牌效应，盘活沉淀国有资产，调整行业经济结构，带动地方经济发展。通过兼并，茅台集团公司资本快速扩张，实力进一步壮大。其资产总额将由兼并前17.4184亿元扩张到23.3542亿元，各种白酒生产能力将由兼并前的4000吨扩大到2万吨，并形成多系列、多档次、多香型、多品种的生产格局。进一步增强市场竞争能力，巩固行业排头兵地位。茅台酒作为国酒，长期受到党和国家领导人的关怀和支持，但由于地理条件限制，其生产能力扩大成本高，时间长。“八五”期间，公司进行扩大2000吨生产能力改造，耗时五年，投资4.6亿元。相比之下，通过兼并扩张实力是较为合算的。通过兼并进行资产重组，可进一步盘活习酒公司沉淀资产，发挥其生产规模优势。习酒厂是通过“七五”“八五”进行技术改造扩建的企业。生产规模大，生产布局及设施较好。但由于各种原因，近几年企业销售不畅，包袱沉重，亏损严重，逐步陷入困境。近三年习酒厂平均年生产量1800吨，为年生产能力的10%，年平均销售收入为7000万元，累计亏损3.16亿元。除少量职工轮流上岗领取生活费外，其余大部分职工靠自己自谋出路，不采取措施将资产盘活，不仅其现有约6亿元的国有资产长期大部分闲置并逐年损失，而且会影响当地社会安定。

一是该企业已严重资不抵债，但不宜采用破产的办法，其理由是资产数额巨大，难以变现清偿；二是酒厂地处深山沟，其白酒生产厂房设施难以寻找其他生产项目转产，4000余名员工也难以安置；三是破产程序复杂，时间拖延过长，资产损失更为严重。

通过兼并，可对其资产进行重组并把茅台的品牌、技术、管理和市场优势与习酒厂的生产规模优势结合起来，对于盘活沉淀的国有资产有着重要意义。通过兼并，可以进一步调整贵州轻工业特别是白酒行业的产业结构。贵州酿酒历史悠久，以茅台为代表的名优酒曾享誉国内外。但贵州省白酒行业长期处于企业多、分布散、规模小、管理差、效益低的状况。贵州省共有白酒生产企业4000多个，其中骨干企业420户。1997年，贵州省共生产白酒26万吨，其中省级以上名优酒仅4.73万吨。在420家骨干企业中，除茅台、贵州醇等几家企业盈利外，其余都处于严重亏损状态。根据贵州省轻工产业结构调整规划，“九五”期间，贵州省白酒行业将围绕组建名优酒集团，压缩生产总量，提高名优酒产量进行产业结构调整。贵州省将重点组建三至四个名优酒集团，扶持十余家名优酒生产骨干企业，对大多数规模小、管理差、效益低、包袱重的白酒生产企业实行关、停、并、转。贵州省白酒生产总量压缩至20万吨以下，其中名优酒生产量提高到10万至15万吨。行业年创利税由1997年的年均约5亿元提高到15亿元。茅台集团公司兼并习酒总公司后，将组建起贵州最大的名酒生产集团，其产量将占到贵州省名优酒产量的30%左右，年创税利将占行业年创利税的70%以上，从而完成贵州省行业产业结构调整最主要的一步棋。

通过兼并，可以进一步推动当地经济发展。贵州省属经济发展较落后的省份，且习水县是国家级贫困县，受资金、技术、交通、信息、市场等因素制约，贵州省其他产业特别是现代工业发展较慢，以烟、酒为龙头的轻工业在贵州省经济发展中占重要地位，短期内还无法形成其他替代产业。茅台集团公司一直是贵州省级企业利税大户，每年上缴所得税一直名列贵州省级企业前茅；对省级财政收支平衡有重要作用，而习酒厂上缴利税曾占习水县财政收入的60%，由于这几年企业陷入困境，上缴利税锐减，给这个年收入6000余万元的县级财政留下3000余万元的收入缺口，使该县发放公务人员工资都极为困难，通过兼并，壮大茅台实力，盘活习酒，是贵州省政府根据贵州经济特点采取的重要举措，对推动贵州省及习水县的经济发展有着重要意义。

其次，兼并的有利因素及风险

一是可以充分利用国家鼓励兼并政策进行增资减债，调整企业资产负债结构。茅台集团公司是全国五百家大型企业之一，兼并习酒可享受国务院规定的鼓励兼并政策。贵州省、遵义地区行署及习水县人民政府十分重视加支持茅台集团公司兼并习酒总公司，把它作为贵州省深化国有企业改革的重头戏，多次开会讨论研究并出台一系列政策措施支持企业兼并工作。目前通过落实各级政府出台的措施，习酒总公司也增加资本金2904万元，减轻债务5946

万元。待正式兼并并落实《国务院关于在若干城市试行国有企业兼并破产和职工再就业有关问题的补充通知》（国发【1997】10号）文件规定的政策后。其总负债将降至5.878亿元。资产负债率将降至99%。同时，由于国家规定兼并后企业在还款期内停止计算银行利息以及各级政府将财政性借款转入企业资本金，使习酒兼并后每年减少财务费用3500万元，五年内，企业将获得增加盈利因素1.75亿元。

二是可以充分发挥茅台优势，盘活习酒厂。茅台集团公司作为白酒行业排头兵企业，在资本、技术、管理、市场等方面有较强的优势，充分发挥好这些优势，有利于较好地盘活习酒。

（1）资本优势。茅台集团公司目前资产负债率为49.11%，年盈利1.5亿元左右，资金利税率为20%，企业有较好的银行信用。兼并后，茅台集团公司可以充分利用其资本优势及信用，帮助习酒总公司解决资金问题，调整资本结构，恢复生产经营，并争得名牌优势：茅台酒是国酒，是世界三大蒸馏酒之一。茅台集团公司作为国内同行业知名度最高的企业，其品牌价值约为26亿元。兼并后，茅台集团公司将实施名厂名牌战略，将习酒总公司作为集团的全资子公司重新更名，在继续生产有一定市场份额的习酒产品同时，逐步在习酒公司开发茅台品牌的系列产品，尽快把习酒总公司的生产规模优势发挥出来，提高其效益。

（2）技术优势。茅台集团公司拥有目前国内一流的酿造技术力量，产品开发能力在全国名列前茅，特别是近几年来，茅台集团公司完成了茅台酒的传统工艺与现代科学技术的结合，使茅台酒的生产更加规范化、科学化，其质量水平不断提高。兼并后，茅台集团公司将充分利用自己的技术优势，不断提高习酒厂的产品质量，开发新产品，增强其产品的市场竞争能力。

（3）管理优势。茅台集团公司是全国白酒行业唯一的国家一级企业，企业管理工作规范、扎实，1992 年、1997 年两次通过 ISO-9000 质量认证。兼并后，茅台集团公司将发挥自己的管理优势帮助习酒总公司改进管理，同时，按照社会主义市场经济的要求建立新的企业机制，提高习酒总公司的企业素质和效益。

（4）市场优势。茅台酒作为国酒，产品长期供不应求，茅台集团公司在长期经营过程中，建立了一套以省、市级糖酒公司为主渠道的销售网络，兼并后，茅台集团公司将充分利用自己的市场优势，同时，根据习酒的特点建立适应市场要求的营销机制，帮助习酒公司不断开拓市场，扩大市场占有份额。习酒总公司与茅台集团公司相距 50 公里，地理、气候条件相似，利于管理。习酒公司生产规模较大，除酱香酒外，其浓香酒生产能力、技术水平在贵州位居前列。其主导产品“习酒”“习水大曲”先后被评为省优、部优、国优，在全国有一定知名度和市场份额。兼并后，将茅台集团的优势与习酒的生产规模和浓香酒生产技术优势结合起来，建成实力较强的名酒集团，对于发扬光大民族酿酒传统工艺，将中华名酒推向世界会起到重要作用。

三是兼并的风险因素

目前，白酒行业竞争较为激烈，要把习酒总公司1.8万吨的生产能力发挥出来，实现产销平衡需要大力开拓市场。同时，习酒厂负债较重，七年内要归还3.5亿元银行贷款及其他债务，企业年均需归还本金5000多万元，这也会给茅台集团公司资本和资金运作带来压力和风险。

四是兼并后的企业发展计划及措施

根据茅台集团公司兼并方案，兼并习酒总公司后，以原习酒厂的资产重组新企业，重新更名并依法注册登记。新企业为茅台集团公司的全资子公司，享有独立的法人财产权，实行独立核算，自主经营，自负盈亏。子公司具有企业法人资格，依法享有民事权利，独立承担民事责任。茅台集团公司按规定接受习酒总公司全部资产并承担全部债务，是新企业的出资者，享有资产受益、重大决策和选择经营者的权利。新企业将参照国有民营机制，推行资产承包经营。对经营者实行以经济效益挂钩为主要内容的年薪加承包奖励或承包分成制。同时，深化企业内部改革，建立起干部能上能下，员工能进能出，收入能高能低，机构能建能撤的新的管理机制。一是适应市场需要，调整产品结构，发展生产经营。兼并后的新企业，以市场为导向，调整产品结构。企业继续保留仍有市场的习酒产品，同时开发茅台系列的新产品，并逐步使其成为新企业的主导产品；实行厂商联合，开发商家需要的品牌；为集团公司其他产品生产基酒。实行高、中、低档产品相结合，逐步增加高、中档产品的产量，提高产品的附加值。二是深化改革，严格管理，提高企业素质。兼并后新企业在建立新机制的同时，要进一步加强企业管理，尽快完善和严格执行各项管理制度，进一步挖掘管理潜力，降低生产销售成本，不断提高企业整体素质和经济效益。三是加快科技进步，提高产品质量。兼并后，新企业将充分依靠茅台集团公司技术优势，不断改进工艺，提高技术水平，进一步稳定提高产品质量。同时，严格按照茅台集团公司技术标准和技术要求，生产开发优质的茅台品牌系列产品，不断提高市场占有率和企业效益。四是加强政治思想工作，不断调动习酒厂干部员工积极性，正确处理国家、集体、个人利益关系，大力倡导艰苦奋斗，爱厂爱岗的敬业精神，依靠广大干部职工，抓住机遇，努力拼搏，重振企业雄风。

最后，关于兼并前期工作进展情况

一是各项工作有序进行，茅台集团已实质性地开始对习酒厂进行管理。

二是资产移交工作准备完毕。茅台集团和习酒厂共同委托贵州省会计师事务所、遵义会计师事务所对习酒总公司及其控股的习酒股份有限公司的资产与负债已分别进行了审计，同时对其债权债务及资产状况进行了盘查清理，对固定资产进行重新登记，全部会计资料已按移交要求准备完毕。

三是各级政府鼓励兼并政策已初步落实。茅台集团和习酒厂共向省、市、县有关部门提交的请求落实兼并政策，帮助企业增资减债报告。已全部批复或答复。通过落实这些政策，企业增资减债已达 8850 万元。

四是企业生产经营启动恢复。习酒厂当年总订货额超 1.2 亿元；先后恢复了 9 个车间生产，上岗职工达 1500 多人；企业销售收入达 7143 万元，比上年增长 4%；货款回笼 8262 万元，比上年增长 21%，税收比上年增长 52.2%，亏损比上年下降 8.5%。

五是习酒厂干部职工情绪稳定，积极性高涨，期待国家尽快批复兼并计划，使企业早日正式签字兼并，重振企业辉煌。

报告最终认为，茅台兼并习酒，是贯彻党的十五大精神，加快国有大中型企业改革、改组和改造步伐的重要举措。兼并可以充分发挥贵州两个最大的白酒生产企业的优势，促进国有资产的保值增值，取得较好的经济效益和社会效益，带动贵州贫困地区的经济发展。兼并的条件业已成熟，风险相对较小。

结论：茅台兼并习酒，是可行的。

15 签署协议

1998年8月31日，中国贵州茅台酒厂（集团）公司兼并贵州习酒总公司签字仪式在贵阳云岩宾馆举行，双方签订正式协议。时任贵州省四大班子领导和省直有关部门负责人和兼并工作领导小组全体成员参加签字仪式。中国贵州茅台酒厂（集团）有限责任公司（甲方）代表季克良（董事长）、其产权单位代表贵州省轻纺工业厅代表张建化（厅长）、贵州习酒总公司（乙方）代表李平（习酒副总经理）、产权单位——习水县人民政府代表左仁华（县长）签订协议书。

双方本着平等自愿、优势互补、共同发展的原则，以发挥茅台酒品牌优势和壮大茅台集团实力，盘活习酒总公司存量资产为目的，就中国贵州茅台酒厂（集团）有限责任公司（甲方）兼并贵州习酒总公司（乙方），达成相关协议：

（一）甲方接收经审计后，1998年6月30日的贵州习酒总公司总资产5.1529亿元（含待核销三期技改无效资产1.1063亿元），负债总额6.4537亿元（含待核销应免除银行欠息4801万元）。

（二）甲方接收乙方资产的同时，乙方向甲方同时移交有关资产及财会资料档案。

（三）兼并后，甲方以贵州习酒总公司资产重新组建新企业，并按《中华人民共和国公司法》依法登记注册。新企业名称为中国贵州茅台酒厂（集团）习酒有限责任公司。

（四）重新组建的新企业为甲方的全资子公司，享有独立的法人财产权，实行独立核算，自主经营，自负盈亏。子公司具有企业法人资格，依法享有民事权利，独立承担民事责任。

（五）兼并后，原贵州习酒总公司所拥有的商标、品牌、无形资产等所有权、使用权、处置权属中国贵州茅台酒厂（集团）习酒有限责任公司独家所有。

（六）兼并后，新企业择优录用原企业员工1500人，并负责接收全部退休（内退）职工117人和包养人员。未被录用人员按黔府专议【1997】46号文件明确的原则办理。

（七）原贵州习酒总公司子校及职工医院所有人、财、物由新企业接收管理。

（八）本协议经甲乙双方签字以后，由甲、乙双方产权单位代表签字认可即生效。协议生效时间为正式兼并时间。

（九）本协议未尽事宜，甲、乙双方再行协商订立补充协议，报经批准以后与本协议具有同等法律效力。

协议一式十五份，甲、乙双方、省轻纺工业厅、遵义市政府、贵州省、遵义市和习水县财政厅（局）、国资局、农行以及省兼并领导小组各执一份。

至此，习酒在法定程序上，进入茅台。

第四篇　习酒新业

16 揭牌仪式

1998年10月26日，中国贵州茅台酒厂（集团）习酒有限责任公司成立揭牌仪式在习酒厂举行。

时任茅台集团董事长、总经理、总工程师季克良在仪式上发表题为《艰苦奋斗、爱岗敬业、自强不息，开创习酒有限责任公司的美好未来》的讲话。

习酒与茅台，一衣带水，毗邻相连。

在过去的岁月中，习酒厂全体职工，曾辛勤工作，奋力开拓，把习酒厂建成国家大二型企业，树立了习酒品牌良好的市场形象，并在赤水河畔建成了自己美丽的家园，为发展地方经济做出了贡献。

但随着市场经济的发展，由于对市场经济缺乏足够的认识，从而驾驭不力，致使生产经营连年滑坡，企业陷入困境。1997年年初，针对贵州白酒行业发展状况不良的态势，省政府发出了“振兴黔酒，再展雄风”的号召，提出要抢救、搞活和发展贵州名优酒。在这个问题上，贵州省政府的指示，也是茅台酒厂集团的愿望，抢救、搞活和发展习酒厂是茅台酒厂集团义不容辞的神圣职责。通过兼并工作领导小组大量艰苦细致而卓有成效的工作，在各级政府部门的大力帮助下，在社会各界的大力支持下，债权、债务、劳动用工等各种关系已基本理顺，组织领导机构也已建立。兼并工作领导小组及习酒厂全体职工的共同努力，为新企业的建立和发展奠定了良好的基础。在兼并工作中，习酒厂广大职工所表现出来的矢志奋起、不折不挠的拼搏精神，特别是部分职工顾全大局，牺牲个人利益，维护习酒公司整体利益的舍己为公的精神，让人看到了新企业未来的希望。新企业的建立，只说明工作走出了第一步，今后将更加任重而道远。为完成“振兴黔酒，再展雄风”的大业和集团公司的宏伟目标，新企业要在集团公司的领导下，早日全面启动生产，并按集团公司的管理模式，建立新的生产经营管理机制，调整产品结构，不断改进和提高工艺技术水平，苦练内功，明确目标，力争“一年打基础、两年有起色、三年有发展、四年上台阶”，用四年时间完成新企业发展的初步规划。1999年，要在1998年的基础上再创佳绩，实现销售收入1.2亿元，力争实现1.3亿元。

要年年有发展，年年有进步。

新企业的肩上，压着3.5亿元的银行贷款债务和其他债务，按每年还贷5000万元计算，新企业要大干苦干七年。全体员工，要大力发扬“万众一心、众志成城，不怕困难、顽强拼搏，坚忍不拔、敢于胜利”的伟大抗洪精神，鼓足干劲、自强不息，为振兴黔酒做出贡献。对于新企业而言，正如一年之计的春天，广大职工要努力发扬“我爱茅台，为国争光”的企业精神，立志高远，放眼未来。

习酒公司党委书记罗崇本，代表新公司致欢迎词。

首先向各级领导、有关部门表达感谢和敬意。而后，对兼并工作予以总结。

授牌、挂牌标志着兼并工作完成，新公司正式运行。公司发展走出了第一步，但是振兴和发展，路还很长，困难还很多。兼并给新企业带来了活力，习酒人努力抓住机遇，加强管理，提高质量，降低成本，开拓市场，扩大销售，早日使企业步入良性循环的发展轨道，为促进地方经济的发展做出更大的贡献。

全体员工对企业的未来充满信心！

至此，习酒进入茅台旗下，重新启航。

17 转折

时间，既快又慢。1998年，习酒正式进入茅台第一年。

这一年，金融危机出现，全国性洪涝灾害发生，国企下岗人员激增，经济增长速度放缓，国内需求和购买力下降，消费不旺，白酒市场供大于求，竞争更是白热化。在本年的工作回顾中，“转折”成为最着重强调的意义。

兼并工作中，明确新企业只接收1500人，2500多人要解除劳动合同，另寻他路，企业稳定工作压力大。特别是原公司遗留问题多、官司多，而且是输的多、赢的少。

要债的企业和个人经常在办公楼、办公室聚集，有时正常的工作都难以开展。没有流动资金，完全靠流动资产来推动企业运转。

既要抓生产、抓销售，又要抓兼并、抓稳定，这是对习酒人的严峻考验。

近60%的职工停岗待业，没有工资收入，生活较为困难，但习酒人没有给公司出难题，添麻烦，没有伸手向公司要钱索物，而是处处体谅公司的难处。在岗干部职工，工作中任劳任怨，兢兢业业、勤勤恳恳，忘我工作，精诚团结，顽强拼搏，顺利渡过了艰难的时刻。

一是抓住机遇，转机建制，盘活资产，搞活企业。二是以市场为核心，以需求为导向，加强市场建设，加大营销管理力度，重塑习酒的品牌形象，再振习酒雄风。三是保障供给、稳定生产、提高质量。四是深入开展“学邯钢、练内功、抓管理、增效益”的活动，切实加强财务管理，节流开源，提高企业的经济效益。五是加强基础管理，建立健全企业规章制度，强化监督机制，创造良好的生产、工作环境。六是加强思想政治工作，加强精神文明建设。七是创造条件，挤出资金，提高职工福利待遇。

既看到希望，也正视困难。机会与挑战并存，成功与困难同在，道路既光明，又曲折。

习酒人在当年年底给出了一个充满希望的数据。

（一）生产量。完成 1364.71 吨，上年完成 823.86 吨，同比上升 65.65%；包装量，完成 1881.2 吨，上年完成 2545.09 吨，同比下降 26.08%。其中酱香完成 122.17 吨，上年完成 228.90 吨，同比下降 46.63%；浓香完成 1759.05 吨，上年完成 2316.19 吨，同比下降 24.05%。

（二）销售量。完成 2621.97 吨，上年完成 2446.12 吨，同比上升 7.19%。其中酱香完成 155.39 吨，上年完成 295.46 吨，同比下降 47.41%；浓香完成 2466.58 吨，上年完成 2150.66 吨，同比上升 14.69%。

（三）销售额。完成 9040 万元，上年完成 7770.03 万元，同比上升 16.34%。货款回笼额：完成 8799.35 万元，上年完成 8262.32 万元，同比上升 6.49%。税利：实现 1910 万元，其中：利润 500.44 万元，上年 -3252.46 万元。工业总产值：实现 4021.90 万元，同比上升 60.08%。

18 无情不商

岁月，一年一年行进。

刘自力接管习酒，是20世纪中国白酒业最大的资产重组。在习酒历史上的繁荣之后，蕴藏诸多危机。在最为艰难的时候，许多工人的工资不足以养家，只能从自己身在农村的父母家中带粮食在酒厂生活，节省开支，在数月不发工资情况下依然在岗；在市场困难之时，员工自筹路费，走街串巷四处推销产品，只为多一点点销售；需要加班加点，不管是周末，还是晚上，少有怨言。与企业患难与共的老员工，守持着苦乐与共的习酒精神，捍卫着习酒品牌。

大家内心的最大的愿望是——习酒，快点好起来。

“一年打基础、两年有起色、三年有发展、四年上台阶”，新任总经理刘自力一干就是13年，抓质量、抓市场、抓管理，习酒的经济效益逐年好转，成效显现。

1999年，公司各项主要技术经济指标大幅度增长，实现销售收入1.2亿元，实现税金2167.7万元，实现利润500.44万元，扭转了企业连续6年亏损的局面。

2000年，公司制定企业发展战略，开始践行“无情不商”的经营理念。“尊商、亲商、扶商、安商、乐商、富商”的情商文化，随着企业逐步发展，受到广泛认同和高度评价，社会认同加深，日渐成为今日习酒企业文化的重要内容，伴随习酒奋力拼搏冲出低谷。

2001年，习酒公司获准使用“绿色食品”标志的产品达到20个。

2002年，实现产量5754吨，产值1.57亿元，销售收入1.55亿元，税金3756万元，利润860万元。

2003年，贵州省经贸委、贵州省企业联合会、贵州省企业家协会联合授予贵州茅台酒厂（集团）习酒有限责任公司“2002年度贵州省优秀企业”称号。公司董事长、总经理刘自力被评选为“新世纪第二届贵州省优秀企业家”。刘自力总经理提出并实施的“以‘无情不商’为内核的战略管理”经贵州省管理现代化创新成果审定委员会评定为“贵州省企业管理现代化创新成果一等奖”。

2004年，习酒公司荣获全国酿酒行业百名先进企业称号。

同年，习酒制定“十一五”（2005—2010）战略规划，将在“十一五”期间形成黄金坪浓香白酒中心（含吕师岩、小车队）、大地酱香中心、大坡成品包装中心（含构树湾）和阳雀岩办公中心的格局。届时习酒公司将成为年产量3万吨、销售收入20多亿元的大型白酒工业企业。

2005年，习酒公司生产的酱香习酒、浓香习水大曲被评为2005年“贵州省名牌产品”。

2006年，习酒公司注册的“习水”牌和“习”字牌商标通过评审，被认定为“贵州省著名商标”。

2007年，习酒公司获准使用“中国纯粮固态发酵白酒”标志。

纯粮固态发酵，是酒能陈香的重要保障。酒能陈香，必须满足三个核心条件：一是纯粮为原料；二是严格承袭古法酿造；三是多年窖藏，自然老熟。我国白酒业的纯粮酿造史大约持续到20世纪70年代前后，开始分化为传统工艺（古法）酿造酒和新工艺（食用酒精+）白酒两个流派。传统工艺酿造白酒，则因其耗粮高，但出酒率不高，成本高，被大部分白酒企业放弃。新工艺白酒因其耗粮少，出酒率高，成本低、效益高，大部分酒企愿意采用，并渐成市场主流。尽管“新工艺白酒”对于生产企业来说，大大降低成本，对于消费者来说，则需要承受品质的粗糙，甚至是伤害。在中国白酒业一片大干快上高歌猛进之时，习酒却选择做了一个坚守传统工艺的酿酒修行者。进入茅台后，茅台集团“产量服从质量、成本服从质量、速度服从质量、效益服从质量”的“四服从”准则再次深深植入习酒，“贮足老酒，不卖新酒”，与原有的“以诚取信、以质取胜”，融合而成习酒坚定的质量观。

19 茅台浓香白酒酿造基地

“浓酱并举”，是习酒特色。

“浓酱并举”战略让习酒一直保持了浓香、酱香两个品类的产能和技术力量储备，让习酒多年来走在白酒行业的前沿。2002年，茅台集团从战略上进行调整，向习水县人民政府请求将习酒公司酱香车间资产整体划拨出售给茅台股份公司。

整体出售酱香车间对盘活企业资产、促进白酒业健康发展、规范白酒市场秩序和股份公司上市“在同一集团内避免同质化竞争”等方面有着重要意义。为此，习水县政府要求国税局、地税局等相关部门根据“尊重历史、注重现实、实现双赢”的原则平等协商，按照国家相关法律法规要求和“有利于促进企业发展，充分盘活闲置资产，有利于促进社会稳定，实现社会和经济全面进步”的原则，同意习酒酱香车间整体出售。

2002年5月21日。贵州茅台酒厂（集团）习酒有限责任公司和贵州茅台酒股份有限公司签订出售协议，收购资产总额为21454.02万元；其中固定资产，包括制酒、制曲、锅炉、化验、厨房设备以及供水、供电、供汽设备设施，大坡上中酒库设备，部分电线路等按表进行清查核实，固定资产按评估价值：1286.52万元，净值722.47

万元进行出售交割；习酒公司将设备及相关图纸资料正式交给茅台酒股份有限公司，并完善相关手续。

在习酒酱香移交茅台集团的同时，茅台集团把“茅台”这块金字招牌植入习酒产品。

茅台集团对习酒的浓香酒一直给予厚望。

2004年，习酒产品开发推出“茅台液”与“茅台浓香第一液”作为茅台集团实施浓香战略的主导品牌，授权飞天图案和“茅台”注册商标。“茅台液”有“茅台浓香、玉液天成”之称，是使用“茅台”牌注册商标的几个核心产品之一，主打浓香型，在品质上沿袭茅台酒的高端定位，具有“浓头酱尾”的特征。茅台液以颠覆者的形象出现，向市场展呈茅台也能开发高品质的浓香型白酒。

千年老窖万年糟，酒好全凭窖池老。

窖龄老，酒才好，这是浓香白酒的根本和硬实力。习酒拥有一大批长达60年、50年、30年的老窖池，是一般企业不具备的天然优势。习酒独创的中高温制曲，保证曲药的清洁，最大程度确保白酒的纯正风味；同时由于中高温制曲过程与酱香型白酒的制曲过程极其相似，所以形成了习酒浓香入口柔和、回味醇厚的独特感受；习酒独创的工艺——黄水截留和双轮底发酵，最大化地保证了产品的有益成分和风味；其复蒸工艺——把所摘取的习酒浓香优质原酒进行再次蒸馏，虽会使原酒产量减少20%，但却能有效去除原酒中的各种杂质，大幅提高习酒浓香的纯度和醇度，因此习酒浓香产品一直以“黔派浓香”著称，相比传统的以川酒为代表的浓香技法，自成一派。

习酒浓香产品历经三代发展：（1）自建厂到1996年，第一代浓香型白酒，主要为习水大曲，一度全国知名；（2）1996年至2015年，第二代浓香型白酒，主要以三星习酒和五星习酒为代表；（3）2015年后，习酒打造出第三代浓香型白酒，以醇雅香系列为代表。

习酒公司酱香车间整体出售事件，有人认为，习酒公司因此失去了酱香酒业发展的黄金十年，而习酒失去的市场，被其他酱香酒迅速抢占。1983年，酱香习酒试制成功；1988年，酱香规模化生产；2002年，酱香生产停止。时隔多年后，酱香生产才陆续恢复。

有人认为，行进之路，必有取舍。取舍之间，才显珍贵。一来一去，一去一来，才知守护与传承。茅台在习酒身处生死之际，勇敢向前，大力扶助，习酒在茅台冲锋市场的时候，舍己助力，这是命运之神给予的绝佳安排。

历史很难假设习酒没有失去酱香酒的十年，也很难假设20世纪90年代，习酒如果没有大举扩能，遭遇国家紧缩银根，将会是如何发展。

可以确定的是——茅台和习酒都希望彼此发展更好更快，面对未来确定的目标而共同努力。

没有在酱香发力的习酒，五星习酒系列成为黔派浓香代表，成功地与同类产品拉开距离，几乎占据了习酒销售的半壁河山。

2007年，以五星习酒为核心的“习酒”品牌被国家工商行政管理总局认定为驰名商标。

20 浓酱并举 主特兼顾

五星习酒在白酒市场和消费者中能赢得“液体黄金”的美誉，非一蹴而就。

习酒确定以市场为龙头，以效益为中心，以管理为重点的经营方针，多项工作取得了较好的成绩。此时习酒不在酱香上发力，将企业定位“贵州茅台酒厂集团浓香白酒酿造基地，贵州茅台酒厂集团浓香白酒营销中心”，同时将品牌定位为打造贵州高端浓香白酒第一品牌。

习酒的品牌体系设计为一个主力品牌（五星习酒）、两个辅助品牌（三星习酒和习水）和十个细分市场品牌。产品以主推中、高档产品“五星习酒”为主，同时，推出满足个性消费需求的60度钻石五星、习酒九长春等高端产品。同时，开创中国白酒行业之先河，推出“白酒星级质量管理模式”：按白酒的陈酿年份划分星级，以星级体现质量，不同星级标识白酒窖藏老熟的年数。将在酒库中分别窖藏了三、五、八、十年的陈酿酒，定位为一星至五星级的习酒投放市场。核心产品——五星习酒，诉求为“习酒，真情山水、绿色习酒”“习酒五星、液体黄金”“茅香习酒、茅台基因”。

在经营管理上，走“五个坚定不移”的习酒营销发展思路，一是“坚定不移地贯彻‘无情不商’的经营理念”；二是“坚定不移地贯彻‘诚信为本’的经营原则”；三是“坚定不移地实施打造‘茅台集团浓香白酒酿造基地’的战略”；四是“坚定不移地‘以高质量打造茅台浓香战略品牌’”；五是“坚定不移地走向‘中高档领域推进’的品牌发展道路”，力求所有产品都要达到高质量、高品位、高文化含量、高美誉度、高知名度。

从1998年到2004年间，以五星习酒和春之系列以及特许品牌茅台液为主导产品的浓香型白酒阵营的迅速壮大，推进习酒打造茅台浓香白酒基地和贵州浓香第一品牌的战略初步形成。

2005年，习酒公司提出了“浓酱并举，主特兼顾”的产品战略。

“浓酱并举”产品战略的提出，为习酒的角色定位赋予了全新内涵，标志着习酒在茅台的版图中开始调整“茅台集团浓香白酒生产基地”和“打造贵州浓香白酒第一品牌”的战略定位。

从2006年开始，习酒公司继续推出了金质习酒、银质习酒、优质习酒、金典习酒、习酒1988、习酒1995等酱香产品，习酒的酱香队伍开始壮大，市场初具规模，销售业绩开始加速增长。

2008年，时任茅台集团习酒公司董事长、总经理的刘自力在公司召开的并入茅台集团10周年纪念大会上宣布："10年间，习酒累计实现销售24.64亿元，实现税金5.13亿元，上缴税金4.34亿元，实现利润1.38亿元，甩掉了债务包袱，步入新的发展道路。"

2008年，习酒公司荣获"中国酒文化百强企业"和"贵州省最受尊敬企业50强"。

2009年，习酒获"最具成长力品牌"荣誉称号。

2010年，习酒公司申报的"习水""习将军""普天同庆"共3件商标被成功认定为"贵州省著名商标"。

2010年5月18日，习酒公司召开中层以上管理人员大会。

茅台集团在会议上宣布了关于刘自力、张德芹两位同志任免职的决定。刘自力同志不再担任习酒公司董事长、总经理（调任茅台股份公司任总经理）；任命集团公司总经理助理张德芹为习酒公司董事长（法人代表）、总经理。

此时习酒，年销售额已达10亿元。

第五篇　阔步向前

21 崇道 务本 敬商 爱人

中国白酒看贵州，贵州白酒看茅台。

茅台：快速做大习酒！

贵州省委、省政府将酒业发展作为省级实施战略，推进产业发展，大力支持名优白酒企业做大做强，在有利的政策引导之下，2010年，茅台集团做出了“快速做大习酒”的战略安排，在资金、人才、技术等方面给予支持和帮助，为习酒更好更快发展提供了坚强后盾。在上任之后，张德芹董事长花了两个月时间了解公司经营全貌后大胆判断：习酒还可以充分利用外部环境的优势，在之前的基础上实现新突破。

张德芹开启习酒公司全面治理。

首先在管理上推行干部任用竞聘制度，实施质量、安全目标责任制，推行绩效管理，加强以成本为核心的财务管理，健全营销体制机制和人才培养制度，提升习酒人的管理知识和业务水平。为了改善习酒人才结构，茅台同意调任三位骨干，进入习酒分头负责销售、制度建设和酿造工艺。同时在大中专院校招募人才。

对于引进的大学生，一律先到车间做工人，熟悉生产环节，体会基层工作，然后通过管理岗位招考，优秀者进入经营管理队伍。对于公司的核心层——中层干部，则实行竞聘面试制度——有能力，出来比拼，全力塑造“酒香、风正、人和”的企业氛围。

当然，每一项工作进展并不都是顺顺利利。以电脑办公系统来说，张德芹将茅台所开发的办公、财务等信息系统引入习酒，以改进管理效率。但当时，习酒45岁以上的员工比例高达50%，很多年长的管理层并不会使用电脑，很多人抱着要退休了的小想法，还学什么，不会就是不会，有什么办法。

观念改变和实践运用需要时间。张德芹要求迅速改变这一切，速度就是效率，就是生死。公司内部硬性规定：管理层三个月内必须学会使用电脑办公，否则一律下岗。规定一出，军令如山。

同时，还推出“能力提升工程”，不只是针对习酒员工，还包括经销商。如赴北京大学“总裁班”学习进修；与贵州商业高等专科学校合作办学，成立“习酒商学院”等，让经销商与厂商共同成长，也成为习酒在“无情不商”的情商文化基础上构建新型关系的具体体现。2011年，公司启用办公自动化系统，2012年进行系统升级，习酒进入无纸化办公时代，2013年，销售公司将成立电子商务公司，紧跟新型互联网市场。

质量问题上，习酒公司认真执行茅台集团“产量服从质量、成本服从质量、速度服从质量、效益服从质量”的“四服从”质量观，不断应用并完善QC、7S管理方法，建立起奖惩分明的管理制度和有效的活动开展方式。习酒人对传统酿酒工艺的坚守和对产品质量笃定的坚持，秉承着“质量第一”的生产理念，习酒曾创下了中国白酒业质量管理工作方面的诸多第一。在20世纪90年代初期，在全国同行业中，习酒是首家同步通过法国BVQI认证和中国方圆标志认证的“双认证”企业；中国白酒首批诚信企业；最早获得贵州省省级白酒技术认定中心；1994年，习酒在同行业中较早建立了质量管理体系，之后又通过了产品质量认证和计量保证体系认证；并先后建立了食品安全管理体系和卫生质量体系。在1988年，习酒还荣获国家质量奖。经过新一轮的质量管理提升工程，质量管理再次上了新的台阶。习酒要成长为全国性白酒品牌，必须建立完善的食品安全体系。保障食品安全不仅是保障酿造环节的安全，还包括上下游产业链的安全，原料、器具、包装材料、运输、储存等任何一个环节都关乎产品的质量。2011年，习酒公司开展的两个QC小组活动分别荣获国优称号和省优称号，习酒公司制酒三车间八班荣获“省级质量信得过班组”称号。2012年习酒公司包装车间二班获得“全国质量信得过班组”殊荣，习酒公司荣获贵州省质量管理小组活动“优秀企业”荣誉称号。

在销售上，习酒在市场上压货数额巨大，2010年年中，公司仅完成2.7亿元的销售额，仅相当于全年计划的四分之一。习酒的销售区域较为狭窄，不仅在省外无销售渠道，省内渠道也仅能覆盖到县级市场。2010年开始，白酒消费开始出现浓香、兼香向酱香转移的消费趋势，酱香型白酒的消费群体和消费结构也在悄然升级。消费者开始接受更高价位的酱香型酒。习酒公司敏锐地捕捉到产业趋势，并很快调整习酒的产品结构。对习酒销售团队进行打分，优胜劣汰，低分者出局。

在习酒的发展上，时有批评者认为，茅台兼并后的一段时间，对于习酒的有效资源投给不足，甚至客观上牺牲了习酒的一些发展机遇，比如茅台为了规避上市公司同质竞争而令习酒只能充当茅台的浓香基地，放弃原有的酱香型产品，习酒因此才业绩大幅下滑。2007年前后，是白酒业的黄金期，赤水河畔到处是产能扩建，但当时资金量颇为充裕的习酒却错失良机。习酒一度产品多达数百种之多，纳入茅台旗下后，品牌非但没有加强反而遭到弱化。

张德芹认为“若完全依附茅台，习酒永远不能变得强大。得茅台相助而又自强，才能实现习酒的自我价值”。基于这样的企业品牌定位和习酒与茅台之间关系的解读，他力排众议将习酒定位于“君子之品”，并剥离习酒产品包装上的茅台Logo，令其相对独立地市场运作。仅2010年一年，他就砍掉习酒4个特许产品，其中包括茅台集团授予习酒使用“茅台”两个字的茅台液；明确了“以塑造强势品牌为核心”的品牌战略，以满足消费者细分消费需求为导向，将习酒打造成为形象鲜明、价值突出的白酒品牌；将生产和经营的重心转向了中高档产品，全面实现了产品更新换代和产品结构升级。此外，在产品价格带上做调整。习酒在产品战略上坚持“精准化”的营销导向，将习酒“窖藏 1988”的发展定位成“世界知名，中国强势”；而“金质习酒”的发展定位为“中国知名，区域强势”。2010 年之前，习酒的主要产品包括五星习酒、银质习酒、金质习酒等几大系列，均价都在 300 元以下，品牌形象多与经济型、中低端紧密相关。新推高端产品上，主打售价为 800 元左右的窖藏 1988 系列。与此同时，还对习酒五年规划进行了修订：到 2015 年开拓 20 个销售过亿元的省级目标市场，其中 10 亿元以上的 2 个，5 亿元以上的 10 个，习酒重新进入中国白酒前十强，成为全国酱香第二大品牌，确保习酒进入全国所有地级市。同时，抓紧时间，扩大酱酒产能。在生产安全、产品质量稳定、市场渠道健康的前提下，好中求快、快中保好、能快则快，努力在经济总量、赢利能力、市场占有率等方面提升，实现“增比、进位、突破”目标。到 2015 年，力争达到酱香半成品酒 3 万吨，浓香及其他香型半成品酒 1 万吨，成品酒包装量达 3 万吨以上的生产能力，将新增员工 3000 人，员工总人数达到 7000 人。通过新建、扩建和技术改造，实现厂区功能合理布局，形成黄金坪浓香白酒生产中心、大地酱香白酒中心、大坡成品酒包装中心、科研技术中心、质量检测中心、万吨物流配送中心、万吨高温制曲中心、办公服务中心、文化生态保护为一体的习酒工业园区格局，打造百亿习酒，力争进入中国白酒前列。

此举战略修订，是一个深度调整。

在当时减掉茅台液产品的时候，其销售已达7000万元。但是集中力量推出的习酒窖藏1988，不到一年销售额就超过5亿元。在对习酒大刀阔斧的改革与渠道开发下，到2010年年底，习酒市场开始起色，销售业绩也一路攀升。

2012年，销售额突破15亿元，利润率得到大大改善。

实践证明，战略调整为习酒获得了空前的发展机遇，奠定了习酒长足进步的发展基础。

在习酒几十年的风雨兼程、艰难曲折中，习酒人努力通过工作来改变自己的同时，造福家乡，其过程坎坷难忘、可歌可泣。苦在习酒，乐在习酒，这是习酒建厂以来就一直存在的企业精神。随着企业的发展壮大，企业慢慢有了更多的独特文化。在茅台集团核心价值观的大框架下，张德芹提炼成“崇道、务本、敬商、爱人”企业核心价值观。

“孔曰成仁，孟曰取义。”

“仁者人也，义者宜也。”

“崇道”，是对天地之仁；“务本”，是对己身之仁；“敬商”，是对事业伙伴之仁；“爱人”，是对家庭、社会之仁。“爱我习酒、苦乐与共”，是荣辱与共，大情大爱，春秋之义。

对天地之仁，是对天地的关怀之情，也是对天地的敬畏之心，与自然和谐相处，而不肆意妄为。尊崇前人智慧，道法自然，才能永续相传；对己身之仁，是对生命本源的关怀之情，是习酒人崇尚君子的内心独白与行动操守，是工匠精神对传统的酿造工艺的坚守，走这条路，认这个命，不逾规，不越矩，不多虑，认清习酒人的使命，清晰习酒人的角色，实实在在把自己的酒做好。习酒厂地处河谷，山高路陡，无法偏安一隅，习酒要走向世界，就要重商敬友，需要有好的商业伙伴、好的事业朋友，在一起，就是天大的缘分，就要亲近仁爱，这是对事业伙伴之仁。对家庭之仁，是人之根本，对父母孝敬，对兄弟姐妹悌怜，对子女爱育，才会与习酒苦乐与共，才会深明大义。有大情大爱，随着事业的起起落落，必定会有悲有喜，而正是在这悲喜之间，个人的生命才融入进来，忘我，而有我，利他，而得他，最终得成推动习酒事业向前发展的最坚实力量。

儒家仁义，关怀着人之初，守护到人之终。习酒仁义，是企业成长的起点，更是企业生命长青需要的坚持信念。仁义，构成了儒家的安康大同世界。习酒“崇道、务本、敬商、爱人”企业核心价值观、“爱我习酒、苦乐与共”企业精神、“无情不商、服务至上”的经营理念，合力形成了“君子之品、东方习酒”美好天地。

君者，尊也，其品卓越，其德唯馨。

22　酒中君子

建元六年（前135），大行王恢击东越，东越杀王郢以报。恢因兵威使番阳令唐蒙风指晓南越。南越食蒙蜀枸酱，蒙问所从来，曰“道西北牂柯，牂柯江广数里，出番禺城下”。蒙归至长安，问蜀贾人，贾人曰：独蜀出枸酱，多持窃出市夜郎。夜郎者，临牂柯江，江广百余步，足以行船。南越以财物役属夜郎，西至同师，然亦不能臣使也。蒙乃上书说上曰：南越王黄屋左纛，地东西万余里，名为外臣，实一州主也。今以长沙、豫章往，水道多绝，难行。窃闻夜郎所有精兵，可得十余万，浮船牂柯江，出其不意，此制越一奇也。诚以汉之彊，巴蜀之饶，通夜郎道，为置吏，易甚。上许之。乃拜蒙为郎中将，将千人，食重万余人，从巴蜀筰关入，遂见夜郎侯多同。蒙厚赐，喻以威德，约为置吏，使其子为令。夜郎旁小邑皆贪汉缯帛，以为汉道险，终不能有也，乃且听蒙约。还报，乃以为犍为郡。发巴蜀卒治道，自僰道指牂柯江。蜀人司马相如亦言西夷邛、筰可置郡。使相如以郎中将往喻，皆如南夷，为置一都尉，十余县，属蜀[01]。

史记中所载，汉武帝刘彻派遣外交使唐蒙出使南越，

01《史记〈七十列传·西南夷列传〉》，司马迁，汉代史学家。

在南越王的宴席上，唐蒙品尝到来自鳛（习）国所产的枸酱酒。为取悦汉武帝，唐蒙特意绕道南部，取得枸酱酒献给汉武帝，汉武帝饮后，觉得甘美异常，故有“唐蒙饮枸酱而使西南夷”之说[02]。到元光五年（前130），唐蒙奉旨赴出使夜郎，改道出符关（今四川省合江县南），沿赤水河而上奔鳛部而来，故有清代仁怀直隶厅同知陈熙晋描述枸酱酒时写下“汉家枸酱知何物，赚得唐蒙习部来”的诗句。

明清时，枸酱酒的酿造技艺已经成熟，清代贵州大儒郑珍有诗：“橡蚕不自乌江渡，枸酱还从鳛部来。”

赤水河边的酒业历史，无不以唐蒙献酒、武帝甘美之为传奇。汉代的鳛部，今人考证为赤水河边的习水县土城镇（习酒厂下游约36公里），鳛部先民在此聚居成邑，因为云、贵、川三省交通入口，秦代因此在这里设置鳛部（属夜郎郡），鳛部之名由此载入史册，赤水河因此得名“鳛部水”。

2005年，习酒公司推出一款新酒，命名——汉酱。酒体是赤水河典型的传统工艺酿造而成，采用当地产优质高粱和小麦作为原料，采用两次投料、九次蒸煮、八次发酵、七次取酒、一年一个生产周期的传统酿制生产模式，坚持高温制曲、高温堆积、高温馏酒，一经推出，广受欢迎。

彼时的53度飞天茅台，成功作为中国超高端白酒，

---

02 见《华阳国志》卷四《南中志》“帝即感邛竹，又甘蒟酱，乃拜为中郎将往喻意”。

但是缺少强有力的梯队产品。43度、38度茅台酒、茅台迎宾酒和王子酒有一定市场影响力，但是始终承担不了茅台“2号”产品的角色。茅台酒的价格最高时近2000元，500元至1000元这个价位区间的产品，属空白。

习酒旗下酱香品牌——汉酱酒，经过重新定位后，从习酒公司转入茅台酒股份公司的产品阵营，于2011年5月底正式重装上市。汉酱的定位在飞天之下，为了显示差异，又把度数，调整为51度，既让价格有差异，也让口感稍有不同，被视为茅台集团“十二五”战略规划实施力作。汉酱酒以“唐蒙献酒，武帝甘美之”的历史典故为文化依托，以汉代士大夫服饰纹饰、马王堆汉墓出土帛书“汉”字等典型汉文化元素为表现形式，“酱香突出、典雅细腻、醇厚绵软、回味悠长、空杯留香持久”，当年即获得10亿元销售额。这款内外兼修的酒，无论是产品的包装设计，还是产品品质均堪称上品。2017年4月，“2017全球烈酒品牌价值50强”排行榜出炉，“汉酱”首次入围榜单排名第39名。

汉酱酒，作为贵州茅台倾力打造的拳头产品，有着从汉武帝甘美之史话演绎而来的文化渊源，承袭了茅台酒文化底蕴，彰显了贵州茅台酱香鼻祖地位，呈现了融合交汇中华传统汉文化精髓与现代文明结合的创造力。

建元六年（前135），汉武帝刘彻派遣外交使出使南越，唐蒙往鳛部而来，谁也不曾料想，成了后世赤水河边的酒业佳话。

而在这之前的一年，即建元五年（前136），汉武帝下诏征求治国方略，儒生董仲舒在著名的《举贤良对策》中系统地提出了“天人感应”“大一统”和学说和“罢黜百家，表彰六经”的主张，得到汉武帝重视，以儒家思想作为中国帝朝的统治思想开始于此。

君子文化不是儒家独有，但儒家发扬光大，成为中华民族独特的精神标识，象征着东方文化的理想人格，是民族伦理的基本要素和民族精神的集中体现，也是几千年来推动中华文明生生不息的正能量和主旋律。君品修行成为中国士子阶层潜意识的文化情结，所有人都向往“内圣外王”的圣人境界。“君子”，是向圣人境界精进的必经之路，所有人向往美好生活，所有人都希望自己有君子之品。

张德芹认为：“华人社交活动中为了表达尊敬之意，人们习惯性地选择茅台，是基于茅台的品质和文化。”“茅台酒好比儒家思想中内圣外王的尊者、圣人的话，习酒好比向圣人修为精进的君子。”

习酒根植于东方传统文化，选择“君品文化”定位，，其企业文化表达的价值内涵，在于传递习酒是“酒中君子”的理念，并以此表达对客人君子品格的尊重和赞誉，让消费者超越习酒在性价比优势等物质层面的认知，在安全、社交、尊重和自我实现上得到价值共鸣和愉悦感。

习酒秉承君子之品，尊重规律，崇敬自然，充分利用赤水河得天独厚的生态酿造资源、特殊的地形地貌、千百年来薪火传承的酿酒所形成的微生物群和无法移植的天赐环境，秉承传统，承袭古法，创建了原生态的白酒酿造基地——贵州习酒河谷。

习酒始生，充满艰难险阻，顺时应运，才会欣欣向荣。企业核心价值观和企业精神，构成习酒君品文化最重要的内容，但是习酒君品文化，是不断提炼和总结、不断再造与重塑的过程，只有这样，才能使企业文化具有生命力和张力。

“好饭耐不得三顿吃，好衣架不住半月穿，好道理经得住万世传。”

习酒，是涵盖习酒产品、习酒人和习酒共同体广泛意义之上的一个概念。企业文化倚儒家之重，然不限于儒家。在传统思想与企业精神的结合中，习酒人以“自强、厚德、守度”为君品文化坐标，彰显企业的文化自觉与文化自信。

天行健，君子以自强不息。
地势坤，君子以厚德载物。
物始生，君子以持守有度。

君品文化作为对东方君子精神的传承和创新，以君子品德为准绳，塑造人文精神和规范行为准则，为广大消费者提供优质产品和美好生活。

君子之品，东方习酒。

神州东望，正正堂堂；不啻华夏，不囿儒乡；传承千载，达观万方。

23 习酒窖藏1988

君子讷于言而敏于行。

在 2007 年习酒汉酱品牌收归茅台产品线序列，习酒不能再生产和销售之后，习酒快速采取了拓展自身的新品牌战略，重新进行品牌定位，调整优化产品结构，“分步骤、有急缓”地实施“浓酱并举”策略，推进以习酒窖藏 1988 为主的产品推广和销售，通过央视等媒介的传播和大量宣传活动，进行系统性的品牌维护和管理，快速提升酱香习酒的品牌影响力和市场竞争力。

习酒窖藏系列共分为窖藏 1988、窖藏 1995、窖藏 1998 和金典习酒四个单品，专卖店价格基本处于每瓶 400—900 元之间。习酒窖藏系列开始问鼎中高端酱香白酒市场。习酒窖藏系列自身行业地位的确立，是对茅台“腰部产品”的强力支撑。

随着白酒市场逐渐升温，特别是酱香型白酒市场，开始进入一个空前繁荣的时代，酱香型白酒市场占有量不足 5%、却占据了全国白酒产业利润 20% 的现状，五粮液、泸州老窖、舍得酒业等都在发力高端酱酒市场。2011 年，习酒制定“浓酱并举，两翼齐飞”的品牌战略。习酒・窖藏 1988 酱香系列产品，迅速在中国酱香市场上站稳脚跟，习酒跨入了黄金发展期。

2011年8月，2011“贵州十大名酒”颁证授牌仪式在贵州国际会议中心隆重举行，会议由贵州省经信委主任王江平主持，省政府副秘书长周建琨宣读2011“贵州十大名酒”名单，习酒公司生产的“习酒牌习酒”荣获贵州十大名酒称号。在贵州省著名产品颁证授牌会上，习酒公司产品习酒·窖藏1988（53%，500mL）、金质习酒（53%，500mL）、五星习酒（52%，500mL）、习水大曲（52%，500mL）被认定为“贵州省著名产品”。

2012年，习酒“窖藏系列”同比增长292%，几近三倍，高端产品为习酒贡献了整个销售额的50%；“金质系列”增长125%，“五星习酒”也有25%增长。“由于产品竞争力强，当年，习酒仅过亿元的市场有6个，除了贵州超10亿元外，山东、河南、广东、北京、四川五省市销售额均破亿元。”

2012年，习酒实现销售额30.03亿元，同比增长68%，并荣获中华全国总工会颁发的“全国五一劳动奖状”；荣膺“2012年度华樽杯白酒品牌全国二十强”；2012年度习酒品牌价值67.56亿元，位列全国白酒行业第18位。

2013年12月20日，习酒公司2013年全国经销商大会在北京人民大会堂隆重召开，来自全国各地的1000余名经销商共聚一堂，凝聚集体智慧，共商“君子之品，东方习酒”发展大计。会上，习酒公司提出2013年销售目标将在2012年的基础上实现50%的增速，力争将习酒打造成“世界知名、中国强势”的白酒品牌。

2013 年，习酒公司窖藏酒瓶立体商标被认定为“贵州省著名商标”，是贵州省首例被认定为“著名商标的立体商标”。

2014 年 1 月，由人民网主办的“正业之道——第八届人民企业社会责任奖”颁奖盛典在北京举行。“习酒·我的大学”荣获“优秀案例奖”。习酒被评为国家地理标志产品。习酒公司总经理钟方达获得中国首席白酒品酒师称号。

2015 年，习酒荣获“2015 中国健康白酒典范品牌十强企业”“2015 中国健康白酒典范品牌 TOP10”荣誉称号。

2016 年，第十届中国品牌价值 500 强评选活动榜单出炉，习酒以 199.01 亿元的品牌价值位居第 168 名，白酒行业位列第 8 位。

2017 年，习酒公司荣获“2016 年全国食品工业质量竞争力卓越企业”荣誉称号；“君子之品·畅行天下”——“贵州习酒号”高铁专列在上海虹桥站首发。

2017 年 12 月 27 日，茅台集团习酒公司召开 2018 年经销商大会，会上公布了习酒 2017 年的成绩单。2017 年习酒已经完成营收 35.78 亿元，同比增长 39.44%；上缴税金 9.28 亿元，同比增长 69%；实现利润 4.5 亿元，同比增长 26%，上述数据都创造了习酒建厂 65 年以来最新的高度。

24 固本强基

2018年7月3日，习酒公司营销工作会议在贵阳举行。

2018年上半年，习酒公司省外市场占比首次超过50%；大单品窖藏系列产品占比超过50%，占整体销售比重增加。按照之前既定的战略目标：把习酒从“区域性强势品牌”打造成“全国知名品牌”。完成这一目标，成长为一个大型企业和“全国知名品牌”的标志就是全面实现“三五”目标，即：年销售收入超过50亿元、省外销售占比超过50%、核心单品窖藏1988占总体销售比例达到50%以上。从当前的销售数据，下半年不出现大的经济事件，习酒能在2018年实现“三五”目标。

把习酒打造成全国的强势品牌，是几代习酒人的梦。从20世纪50年代开始到20世纪90年代，在曾前德、陈星国、肖登坤、廖相培等老一代管理团队的领导下，习酒逐渐发展成为全国知名品牌，然而，从“全国知名品牌”一下掉到“弱势品牌”，再重新回到今天的位置，习酒人整整付出了30年的努力。

1991、1992年时的习酒，与今天的习酒在行业的排名几乎相同。那时，习酒登陆央视，也开始走向省外新疆、西藏等其他地方，直升机飞进了习酒（从贵阳到习酒厂开辟了空中航线），而今天，习酒也在央视投放广告，冠名高铁，专注于开拓省外市场。2010 年，四川白酒销售超过 10 亿元的品牌接近 10 个，而习酒的销售都在它们之后。

2010 年，习酒定位为“区域强势品牌”，但是“区域强势品牌”这个词，本身是有问题的。既然是区域品牌，就不能说强势。当初在前面加上“强势”这两个字是为了提振团队信心，而且也符合习酒当时的市场属性。

习酒在贵州除了茅台以外是第一大品牌，但“习酒”这个名字在省外的知名度很低，很多人都不知道习酒，所以在 2010 年就提出把“习酒”打造成“全国知名品牌”，如今“知名”的问题基本解决，下一步习酒需要打造成“强势品牌”。

商品成为强势品牌，才具备稳定的、独特的能力，才能引导市场。它最显著的特征——溢价能力，是消费者不过多考虑它的成本，其标志和象征，是消费者一种对产品质量、文化深度认同的体现。具体在消费交换过程中，消费者愿意为它多付钱、多买单。越强势的品牌，消费者就越愿意为他付更多的钱，消费者价值观和信仰与企业产品品牌的深度契合，可以满足消费者无可替代的需求。

打造强势品牌，是几代习酒人的习酒梦。

习酒成为强势品牌怎么体现？进入白酒行业第七和酱香白酒第二。

衡量习酒成功与否的标准不一定是每年的销售增长率，而是同比数据，假设所有的白酒企业都下滑了 30%，习酒只下滑10%，那么习酒就是成功；但是当别人实现50%—60%的增长，习酒只实现45%的增长，那就是失败。如果今年位于第八，明年还处于第八，但和前面一位的距离缩短了，那就是成功；如果说今年处于第八，明年还处第八，去年和第七的差距是20亿元，今年变成30亿元，那就是失败。

习酒行业的影响力大幅提升，但是前面还有茅台、五粮液、洋河、泸州老窖、郎酒、剑南春、古井贡、西凤、白云边、口子窖、今世缘。假设前十位的酒企按2017年的增长速度同比增长，习酒若要达到行业前7位，则需要4年时间。根据2018年的数据分析，各名酒企业增长速度都较快，绝大部分酒业增长速度超过了2017年，其中山西汾酒接近50%，西凤酒达到了79.85%。假设习酒按50%的速度增长，其他酒业按30%增长，习酒若要达到行业前7位，需要7-8年时间。当然，在市场经济环境下，要想一直保持这样的增长率比较困难。习酒要实现挺进行业前7位、增比进位的目标，必须要看每年的进位如何，与前6位的距离是否在缩短，还要保证不被后面的酒业“后来居上”，这是习酒在关键时期的挑战与机遇。

从整个行业上来看，商品总有一定的年龄属性。年轻人就会慢慢学喝白酒，再加上中国人的消费基因及文化习惯，中国白酒消费者在一定时期内会逐年增加。中国人习惯的休闲娱乐方式就是喜欢和朋友聚会、喝酒，所以随着环境的变化，白酒行业一定会大有前景，白酒行业不是夕阳产业。企业成长，管理团队和员工队伍也在成长，目前，习酒公司80后的中层干部占到40%左右，有部分中层干部还是90后，这使得现在习酒整个机制都是较为年轻。行业发展趋势，品牌越来越集中，在向寡头聚集，消费的个性化也在日益凸显，习酒的规模、品质和对个性化生产与消费的重视，可以为习酒发展奠定基础。

回顾习酒，从无到有，从小而大，从大而弱，再从弱而强，有很多好的经验可以总结。当前，习酒的新战略目标已经确定，要实现目标，就需要提供战略保障。

一是要固本。确保品牌安全、保障产品质量和打造好企业文化。

品牌安全是企业和产品的声誉，不只是涉及市场的评价，还包括生产安全、环境安全、信息安全等，一旦出现安全问题就是大事故，给习酒带来致命的影响。安全问题没有讨价还价的余地，绝不能偷奸耍滑。产品质量上，习酒有良好的口碑，习酒人宁愿今天少赚一两个亿，也一定要让习酒的口碑永远传承下去，让喝过习酒的人都觉得习酒性价比最高。习酒的各项质量标准已经定了，以后只能提升不能下降。习酒一定用好资金、技术、生产的实力，守好习酒质量，这是最重要的“本”。习酒的君品文化，既是对外品牌展示的文化，也是对内企业工作运转的文化。对外面言，就是要给消费者一个“喝习酒的理由”。无法做到让所有的消费者都来喝习酒，但是习酒君品文化的目的，是要让今后比较尊重中国传统文化的这一批人喝习酒。

我们习酒“崇道、务本、敬商、爱人”是品牌的基因，就是要与这些消费者的内心信仰、价值观高度契合，习酒打造的文化，要与他们的内心产生共鸣。2011年，习酒提出了君品文化体系，随后相继借助一些手段去塑造、提升习酒的文化，如开展“习酒·我的大学”等活动，通过发布社会责任报告在公司战略层面上来诠释君品文化，直到去年上半年选择陈道明先生代言习酒，是给习酒产品找一个消费场景和诠释，找一个与消费者的链接点。习酒所开展的《一路书香》、收藏节目《华豫之门》，与梁宏达、易中天、窦文涛等合作，都是为打造习酒君品文化服务，让习酒的君品文化与中国的传统文化结合起来，让习酒君品文化的一系列的活动与消费者建立起联系，形成“喝习酒是君子，君子喝习酒，习酒是酒中君子”这样的传播理念。

二是要强基。在制度、人才、市场、营销方式上需要夯实。

作为国有企业，习酒需要持续完善党建、巡查督导机制及各项责任制，通过健全制度来保障企业的运营。今年习酒公司在争创全国质量奖，核心在制度建设和管理水平的提升，就是强化基础。针对企业发展的不同时期，会出台相应的人才管理制度，本着“竞争择优、合理选聘”原则用好用活人才，打破常规的人才管理机制，建立更为灵活的人才管理机制。规范人才晋升晋级机制，激发人才合理流动，以提升个人素质和能力。避开人才短板，改善人才配备，激活人才价值的自我实现，营造良性的竞争机制；

建立现代化新型评价体系，明确评估指标及评估办法，定期对人才进行全面评估调查，及时改善人才评估体系，提高人才队伍建设。在市场布局上，继续实施“以黔为核心，抓两翼、逐华东”战略，将习酒品牌中“窖藏1988”系列产品的消费者在这些区域尝试培植。品牌布局。随着市场的发展变化，省外市场要逐步换代，对特许品牌清理、瘦身，实施转型升级。继续牢牢守住贵州市场，并努力扩大市场，不要被其他品牌挤压。在营销上，各片区继续执行品酒师、商务考察、送酒等常规的营销活动，并加大对电商、定制和个性化这三个板块工作。在电商上确保“双11”和“6·18”不会跌下去。在文化营销上，习酒品牌有了概念符号的传播，在内容上还要加强。

未来对习酒而言，如逆水行舟，不进则退，任重道远。

25 新跨越

2018年7月20日，茅台集团宣布调令，张德芹同志不再担任习酒董事长，在茅台集团从事领导管理和服务工作。

是时，张德芹同志从2010年5月18日调任至今，带领公司累计完成销售量14.44万吨，实现销售额196.12亿元，上缴税金56.71亿元，实现利润27.05亿元。从2010年到2017年，习酒成品酒包装量由1.11万吨增长到2.20万吨；销售量由1.10万吨增长到2.34万吨；销售额由10.18亿元增长到31.10亿元，2018年销售有望突破50亿元；上缴税金由2.29亿元增长到9.21亿元；利润由1.22亿元增长到4.74亿元；公司员工人均收入由4.80万元增长到9.67万元。

树立以“习酒·窖藏1988”为核心品牌的产品线，2018年上半年，窖藏系列产品实现了14.30亿元的销售，而且省外销售占比超过了省内，充分体现了习酒多年来坚持打造窖藏大单品战略的成果。

挖掘、提炼并形成了独具习酒特色的君品文化体系，确立了“崇道、务本、敬商、爱人”的企业核心价值观、“塑习酒品牌、建和谐酒城、为国酒增光、担社会责任”的企业使命等一系列君品文化理念，深得人心。

习酒在行业的排名节节攀升，2009 年习酒在“华樽杯”酒类品牌价值评议中位列第 34 位，2017 年，排名上升到第 11 位，开创了习酒跨越发展的崭新局面。

在习酒厂会议室的调动会上，热烈的祝贺掌声和干部职工依依不舍的惜别之情，向张德芹董事长致以了诚挚的敬意！

习酒新发展的接力棒，传到了在习酒厂已经工作 33 年、“除了财务、其他工作基本上都干过”的钟方达董事长手中，在这之前 ，他是茅台集团总经理助理、习酒公司的总经理。

新上任的总经理，是之前担任茅台酒股份公司总经理助理、生产管理部主任涂华彬，来自生产和管理一线。新的企业领导和习酒员工一道，知君品，行君品，共创习酒美好生活。

2018 年 9 月 17 日，“华樽杯”第十届中国酒类企业品牌价值 200 强测评颁奖仪式在北京国家会议中心举行。习酒公司以品牌价值 382.29 亿元排名行业第 9 位，进入中国白酒行业十强品牌。习酒·窖藏 1988 以 248.96 亿元的品牌价值排名全球名酒品牌价值百强企业第 34 名。董事长钟方达荣获 2018 全球酒业十大年度人物称号。

习酒的品牌建设之路，再下一城，未来，习酒将有更多期待。

结 语

赤水河，日夜流淌，两岸的春光，永远在万山怀抱，每年都泄露得很。漫山的花，总会开着，有自己的妩媚和芬芳；漫漫的云，总会飞过，有时会遮住阳光。地面上静谧的泥土，是大自然深深的心扉，包容着世间怜悯和仁慈，还有人们的品德和幸福的美妙理想。

命运并不总是如人所愿，但往往是在无数的困苦中，在重重的矛盾和艰辛中，才成熟起来，经过血火般的洗礼与绝望，才建立希望和信仰，这历尽千辛万苦而酿造的生活之蜜，会更有味道。

年华永远是好年华，却经不得数，生命于此而珍贵。每一代人，有每一代人的使命，每一代人，有每一代人的思想。

爱我习酒，苦乐与共。

无情不商，服务至上。

崇道务本，敬商爱人。

自强不息，厚德载物，持守有度。

这是习酒人的角色与行动。

这个世界，将因此而有不同。

在未来，习酒将给予这个世界更多的尊严和机会，与时代共同酿造美好生活。

愿习酒人幸福；愿我们的时代幸福。

习酒，加入茅台20载。

溯洄从之，溯游从之，道阻且跻，道阻且长。

君品习酒，国之琥珀，质美德正，屹立东方！

附录

习酒公司大事记

（1952—2017）

1952 年

仁怀县工业局为发展酿酒工业，派有关人员从茅台镇沿赤水河顺流而下考察，来到回龙区郎庙乡黄金坪。发觉当地水质很好，气候适宜，是理想的酿酒之地，遂初步选定在此地兴办酒厂。由于其他多方面的原因，筹备工作断断续续进行了 5 年。

1957 年

9 月，仁怀县工业局委派茅台酒厂副厂长邹定谦到回龙区郎庙乡黄金坪兴建酒厂，购买了黄金坪村罗清云家白酒作坊及罗纯德、罗发奎两家民房，招募工人兴建酒厂，命名为“仁怀县郎庙酒厂”。该厂有工人 30 多人，采用茅台酒生产工艺，产品名“贵州回沙郎酒”（散装），年产量约 100 吨。在当地市场畅销。

1962 年

9 月，回龙区委区政府决定重新创办酒厂，由曾前德负责酒厂的筹建工作，以烤小曲白酒解决当地百姓饮酒问题。酒厂由回龙区供销社管辖。筹建初期，一同前往的还有肖明清、蔡世昌两位同志，史称“三人起家”。

1965年

11月，原仁怀县回龙、桑木、永安三个区18个公社划归习水县管辖。原“仁怀县郎庙酒厂”随着改为“习水县郎庙酒厂”。

1966年

郎庙酒厂成立了由曾前德主持的研制浓香型大曲酒课题小组，成员有蔡世昌、肖明清等，共3人。该课题小组经过多次反复试验，终于在当年10月获得成功。所酿出的浓香型大曲酒达到了香浓味正的突出风格，原粮出酒率达到42.7%。

1967年

10月，习水县郎庙酒厂交县商业局、县糖酒公司主管，因郎庙乡已改为“红卫”公社，该厂随着改为“习水县红卫酒厂”（地方国营），产品命名为“红卫大曲”。

1971年

注册“习水大曲”商标。

1974年

聘请《人民日报》社原社长秦川及各界知名人士魏巍、古月、罗开富、杜若、罗马、谭智勇等为顾问。

10月,习水酒厂生产的习水大曲荣获商业部"金爵奖"。

11月，习水酒厂生产的习酒、习水大曲被选定为"国家名优酒"，参加亚洲及太平洋地区国际贸易博览会。

1986年

12月，习水酒厂在全省企业整顿评比活动中，被评为"先进企业"；在贵州省第四届名优酒评比会上，习水酒厂生产的酱香型"习"字牌习酒、浓香型习水牌习水大曲双双荣获"金樽"奖。

1988年

5月，习水酒厂陈星国厂长被评为"贵州省优秀青年厂长"。

7月，劳动部在贵阳举办的白酒评比会上，习水酒厂生产的"二郎滩"酒荣获优秀产品奖。

8月,习水酒厂生产的习字牌习酒(大曲酱香型52度)被评为"国家优质名酒"。

12月，习水酒厂生产的酱香型习牌习酒、浓香型习水牌习水大曲双双荣获国家商业部第三届评酒会"金爵奖"。

12月，习水酒厂生产技术二科QC小组和习水大曲酒库QC小组分别获“1988年遵义地区和贵州省质量管理奖”。

1989年

10月，习水酒厂厂长助理、生产技术科科长易顺章被国务院授予“全国劳动模范”称号。

11月，习水酒厂生产的酱香型习酒、浓香型习水大曲分别获得在香港举办的首届中华文化名酒博览会“金奖”和“银奖”。

1990年

2月，在贵州省质量工作会议上，习水酒厂获1989年贵州省质量奖。

1991年

5月，经国务院企业管理指导委员会、国务院生产委员会核准，贵州省习水酒厂晋升为“国家二级企业”。

习水酒厂档案管理晋升国家二级标准考评会在厂举行。经考评合格，获得国家档案局颁发的“国家二级企业档案管理合格证书”。

1992年

1月，美国洛杉矶国际酒类展评会上，习水酒厂产品酱香型习酒获“金鹰金奖”，浓香型高、低度习水大曲分别获“拉斯维加金奖”和“帆船金奖”。

4月，习水酒厂获贵州省总工会颁发的“五一劳动奖状”。

6月，1991年度中国500家最大工业企业评比揭晓，习水酒厂名列第432位，居全国白酒行业第11位。

7月，经国务院经贸办公室、国家计委、国家统计局、财政部、商业部、劳动部、人事部核准，贵州习酒总公司列入“国家大型二档企业”。

8月，中国人民解放军成都军区空军担任赤水河中下游资源航空拍照和试航的28座大型直升机1架在习水酒厂阳雀岩临时机场降落，贵阳—贵州习酒总公司航班试航成功。成都军区空军参谋长张现瑞、民航专家陆秉均等参加了试航考察。

10月，在北京举行的中国名优酒博览会上，贵州习酒总公司产品习酒获得“金奖”；公司总经理陈星国获“发展中国名优酒特别功臣奖”。

11月，习水酒厂习水大曲计算机勾兑调味专家系统通过省级鉴定，全面投入生产。鉴定认为，该系统达到国内先进水平，在省内处于领先地位。

12月，习水县委、县政府举行“习酒荣获中国名优酒博览会金奖”表彰大会，对陈星国等予以表彰奖励。

1993年

2月，贵州习酒总公司生产的习酒荣获首届国际名酒香港博览会特别金奖（是本届博览会获特别金奖的12个产品之一）；高度习水大曲、低度习酒分别获金奖；阿福乐虫草酒获保健酒金奖；习酒、低度习水大曲获“包装金奖”。习酒总公司产品、包装共获6项金奖，是参加本届博览会的105个厂家中获金奖最多的企业。

3月，贵州省第二届商办工业工作会在习酒总公司召开。来自全省各地、（州）县、市的商业局长、商办工业企业厂长、经理100多人参加会议，贵州省商业厅长张佩良主持会议。习酒总公司被评为“贵州省商办工业特级明星企业”。

3月，国家统计局工交司、四川省统计局在成都举办首届中国糖酒工业企业评价会，贵州习酒总公司经评定列入全国饮料制造业最佳经济效益500强、全国饮料制造业最大市场占有份额500强。

4月，习酒总公司获中华全国总工会授予的全国“五一劳动奖状”。

5月，由中国保健科技学会主办的1993年中国保健科技精品展评活动揭晓，贵州习酒总公司生产的阿福乐虫草酒获“1993年中国保健精品奖”。

5月，习水大曲系列产品被武汉市消费者协会等社会各界评选为“武汉市场消费者最喜欢的十大名优畅销酒”。

6月，1992年度中国白酒行业年创税金牌榜，习酒总公司名列第13位；1992年度中国500家最大工业企业排序揭晓，习酒总公司从1991年度的第432位上升到第388位。

7月，经国家技术监督局审定，贵州习酒总公司生产的酱香型低度习酒被评为“国家优质酒”。这是1988年习酒获“国家优质酒”称号后获得的第二块“国优”名牌。

8月，贵州习酒总公司产品习酒荣获1993年布鲁塞尔世界金奖。该奖项是由总部设在比利时布鲁塞尔的世界优质产品评选协会主持评选的，是国际上最具权威的受法律保护的两大产品质量奖项之一。

10月，中国优质白酒精品推荐委员会在北京人民大会堂举行首届中国白酒精品颁奖仪式，习酒系列产品荣获“中国驰名白酒精品”称号，习水大曲系列产品荣获“中国优质白酒精品”称号。至此，习酒总公司产品已获得4个“国优”名牌。

10月，在中华酒文化研究会主办的“1993年中华酒文化包装装潢大赛”中，贵州习酒总公司开发的礼盒习酒获特等奖，38度习水大曲获一等奖。

12月，习酒总公司总经理陈星国受到全国总工会、中国科协、国家技术监督局和全国质量管理协会联合表彰，授予“全国优秀质量管理工作者”称号。

1994年

4月，习水县第十一届人民代表大会第二次会议召开。会议增补习酒总公司党委书记、总经理陈星国为习水县第十一届人大常务委员会副主任。

7月，贵州习酒总公司质量体系同时通过国内和国际认证（中国方圆标志认证和法国BVQI认证）。

1996年

9月，习酒股份公司投资制作习酒电视广告片。该片创意源于古习国一个将军的征战人生，通过情爱悲欢与英雄的传说，给该片中英雄、美人、美酒的故乡赋予了一层壮烈色彩。男演员为北京电影厂著名青年演员张山（《三国演义》中赵云的扮演者），女演员为刘倩（中国十大名模之一）。

1997年

5月，贵州省人民政府召开省长办公会，研究决定由贵州茅台酒厂（集团）对贵州习酒总公司实施兼并。

7月，贵州茅台酒厂（集团）公司指派刘自力、马应钊、谭定华、陈应文、陈明英、方旭、盛华刚、徐强、陈祖江等组成的考察小组进驻习酒总公司进行考察。

8月，贵州省长吴亦侠主持召开省长办公会。听取了贵州茅台酒厂（集团）兼并贵州习酒总公司的情况汇报。

9月，贵州茅台酒厂（集团）公司兼并贵州习酒总公司领导小组成立，茅台酒厂（集团）公司董事长季克良任组长，遵义市政府秘书长杨昌蒲、贵州习酒总公司党委副书记黄远高等任副组长，于9月9日进驻习酒总公司开展工作。

12月，习水县人民政府下达任职通知，在实施兼并的过渡阶段，聘任刘自力任贵州习酒总公司总经理，马应钊、李平为副总经理，领导公司生产经营，并负责处理贵州习酒股份公司解散的善后工作。

1998年

8月，中国贵州茅台酒厂（集团）公司兼并贵州习酒总公司签字仪式在贵阳云岩宾馆举行。中共贵州省委书记、省人大常委会主任刘方仁，贵州省原省长、现任国家轻工局局长陈士能，省政协主席王思齐，省委副书记、常务副省长王广宪，省委副书记、贵阳市委书记王三运，省人大常委会副主任张世德，副省长刘长贵，省人大常委会原副主任梁明德等领导出席兼并签字仪式。省直有关部门负责人和兼并工作领导小组全体成员参加了签字仪式。省轻纺厅厅长张建华、茅台集团公司董事长季克良和习水县长左仁华、习酒总公司副总经理李平分别代表双方在协议书上签字。

10月，贵州茅台酒厂（集团）公司下达《关于成立“贵州茅台酒厂（集团）习酒有限责任公司”的通知》。至此，兼并工作基本结束。

10月，中国贵州茅台酒厂（集团）习酒有限责任公司正式成立挂牌，并举行隆重庆典。省轻工厅、遵义市委、市政府领导，习水、仁怀两县市四大班子领导和茅台酒厂（集团）公司领导出席庆典并做了讲话。习酒公司的一些友好单位嘉宾也应邀到会。习酒公司新任董事长兼总经理刘自力在会上发表了就职演讲。

1999年

习酒公司本年度各项主要技术经济指标大幅度增长，实现销售收入1.2亿元，实现税金2167.7万元，实现利润500.44万元，扭转了企业连续6年亏损的局面。

2000年

1月，公司制定了企业发展规划、发展战略、企业精神、产品质量方针和产品品牌战略。开始实施“无情不商，诚信为本”的经营理念。

12 月，习酒、习水大曲、茅台液、习水特曲、中国龙、万年红等产品获准使用“绿色食品”标志。

2001 年

习酒公司获准使用“绿色食品”标志的产品达到 20 个。

2002 年

12 月，习酒公司生产经营各项技术经济指标连续稳定增长。当年实现产量 5754 吨，产值 1.57 亿元，销售收入 1.55 亿元，税金 3756 万元，利润 860 万元。

2003 年

贵州省经贸委、贵州省企业联合会、贵州省企业家协会联合授予贵州茅台酒厂(集团)习酒有限责任公司“2002 年度贵州省优秀企业”称号。公司董事长、总经理刘自力被评选为“新世纪第二届贵州省优秀企业家”。

12 月，刘自力提出并实施的《以“无情不商”为内核的战略管理》经贵州省管理现代化创新成果审定委员会评定为“贵州省企业管理现代化创新成果一等奖”。

2004 年

1 月，习酒公司生产的“习将军”牌“五星习酒”荣获“2003 年度贵州名牌产品”称号。

4月，习酒公司正式列入中国优秀企业数据库，公司董事长、总经理刘自力入选优秀企业家数据库。

10月，习酒公司生产的习酒（十年陈酿）名列国家质检总局白酒质量“红榜”。

11月，习酒公司荣获“全国酿酒行业百名先进企业”称号。

2005年

2月，习酒公司荣获第十一届国家级企业管理“现代化创新成果二等奖”。

3月，习酒公司生产的酱香习酒、浓香习水大曲被评为2005年“贵州省名牌产品”。

3月，习酒公司生产的“习将军”牌五星习酒被评为“遵义市2005年度知名品牌”。

4月，习酒公司董事长、总经理刘自力荣获“贵州省劳动模范”称号。

2006年

3月，习水县人民政府向习酒公司颁发“2005年度安全生产先进企业”证书。

4月，习酒公司荣获贵州省总工会颁发的“贵州省五一劳动奖状”。

4月，习酒公司荣获“全国企业诚信经营示范单位”称号。

4月，经中国企业信用协会征信调查和信用评定，习酒公司董事长、总经理刘自力被认定为“诚信经营企业家”。

6月，习酒公司董事长、总经理刘自力被评为全国“高级职业经理人”。

9月，习酒公司注册的“习水”牌和“习”牌商标通过评审，被认定为“贵州省著名商标”。

10月，浓香型习酒系列、酱香型习酒系列和茅台液、习水特曲、习水大曲等产品经中国食品工业协会认定为国家质量达标食品。

2007年

1月，中国食品工业协会专家组一行来习酒公司，对纯粮固态酿造工艺进行审核认证。经审核，习酒公司获准使用“中国纯粮固态发酵白酒”标志。

2月，习酒公司产品商标名列2006年度“贵州省十佳商标”。

3月，习酒公司董事长、总经理刘自力当选贵州省第十届党代会代表。

7月，习酒公司被评为“全国守合同重信用单位”。

9月，习酒荣获“中国驰名商标”。

12月，贵州茅台酒厂（集团）习酒有限责任公司成立以来，主要经济技术指标连续10年稳定、持续增长，达到历史最好水平：产酒7808吨，产值4.389亿元，销售收入3.43亿元，税金8600万元，利润2899.5万元。

2008年

1月，习酒公司获“贵州省企业文化建设荣誉成就奖、示范单位”。习酒公司董事长、总经理刘自力获“省企业文化建设十大领军人物”称号。

1月，习酒公司荣获“中国酒文化百强企业”。

7月，习酒公司荣获“贵州省最受尊敬企业50强”。

7月，习酒公司被评为“2007年度全国食品信用和食品安全企业”。

9月，习酒公司荣获“全国食品工业创新型企业”称号。

9 月，2008 贵州名酒授牌文艺晚会在遵义举行，习酒、习水大曲位居八大名酒榜首。公司生产的浓香 52 度习水大曲和酱香 53 度习酒、浓香 52 度习酒分别获得“2008 贵州名酒”称号，并分别位居贵州八大名酒的一、二名。

11 月，习酒公司获“全国食品行业创新型企业”称号。

11 月，习酒荣获“白酒骨干企业先进经营成果酒体设计先进产品”。

12 月，习酒公司荣获改革开放三十周年“贵州企业改革与管理成就奖”和“贵州最具社会责任感企业”殊荣。董事长、总经理刘自力荣获“改革开放三十周年贵州最具社会责任感企业家”称号。

2009 年

2 月，习酒公司荣获“2009 年度贵州省创建保护消费者合法权益示范企业”。

5 月，习酒荣获“重庆消费者最喜爱的十大名酒”殊荣。

10 月，习酒获得最具成长力品牌称号，习酒公司董事长、总经理刘自力获“最受公众关注的营销成就奖”殊荣。

11 月，贵州省人大常委会代表、习酒公司董事长、总经理刘自理列席贵州省十一届人大常委会第十一次会议。

12月，北京方圆标志认证审核组到习酒公司调查审核质量体系。

2010年

1月，习酒公司获“贵州省精神文明建设工作先进单位”称号。

1月，习酒公司荣获“工业企业应对金融危机保增长先进企业称号”。

1月，习酒公司荣获“2009年度最具成长性企业”称号。习酒公司董事长、总经理刘自力荣获“2009最受关注企业家”殊荣。

2月，习酒公司董事长、总经理刘自力、公司常务副总经理钟方达荣获遵义市“市管专家”称号。

2月，习酒·窖藏1988（53%）荣获遵义市2009多彩贵州旅游商品设计大赛二等奖。

4月，习酒公司常务副总经理钟方达荣获“贵州省劳动模范”荣誉称号。

10月，习酒公司申报的“习水”“习将军”“普天同庆”共3件商标被成功认定为“贵州省著名商标”。此次著名商标的有效期为三年，从2010年10月8日起至2013年

10月7日止。在有效期内全省各级工商行政管理机关依法对其予以特殊保护。

10月，北京方圆标志认证审核组对习酒公司质量管理体系产品合格认证进行再认证审核。

11月，习酒荣列第二届中国酒类品牌价值200强。由中国酒类流通协会和中华品牌战略研究院共同主办，中华品牌网和北京正蕴奇品牌营销咨询有限公司承办的“华樽杯”第二届中国酒类品牌价值200强在国家会议中心揭晓，习酒品牌价值为42.24亿元，位居200强第21位，习酒品牌价值由2009年的36.72亿元跃升到2010年的42.24亿元。

2011年

1月，习酒公司荣获“遵义市拥军优属先进单位”称号，受到遵义市委、市政府、遵义军分区的表彰。

8月，2011“贵州十大名酒”颁证授牌仪式在贵州国际会议中心隆重举行，会议由贵州省经信委主任王江平主持，省政府副秘书长周建琨宣读2011“贵州十大名酒”名单，习酒公司生产的“习酒牌习酒”荣获贵州十大名酒称号。

9月，习酒公司荣获“2009—2010年度全国食品工业科技进步优秀企业”称号。科研项目“习酒·窖藏

1988新产品产业化集成技术研究与应用”获“2009—2010年度中国食品工业协会科学技术二等奖”。

9月，习酒公司董事长、总经理张德芹荣获“2009—2010年度中国食品工业协会自主创新企业家”。

9月，习酒公司常务副总经理钟方达荣获“2009—2010年度全国食品工业先进科技带头人”。

9月，习酒公司副总工程师胡峰荣获“2009—2010年度全国食品工业先进科技工作者”。

11月，贵州省著名产品颁证授牌会上，习酒公司生产产品习酒·窖藏1988（53%，500mL）、金质习酒（53%，500mL）、五星习酒（52%，500mL）、习水大曲（52%，500mL）被认定为“贵州省著名产品”。

12月，贵州省企业联合会、贵州省企业家协会组织的贵州省优秀企业家评选表彰活动中，习酒公司董事长、总经理张德芹荣获“2011年贵州省优秀企业家”称号并受到表彰。

12月，习酒公司荣膺“贵州省企业100强”。

2012年

1月，习酒公司荣获贵州省商务厅颁发的“2011年贵州省内贸流通先进企业”荣誉称号。

1月，习酒公司财务部荣获国家统计局遵义调查队授予的“2011年工业生产者价格调查工作先进单位”荣誉称号。

4月，习酒公司荣获“全国五一劳动奖状”（中华全国总工会）。

8月，2012中国—东盟博览会战略合作伙伴签约仪式暨新闻发布会在广西南宁举行。习酒公司成为第九届中国—东盟博览会战略合作伙伴，习酒作为此次博览会的唯一指定接待用酒。

2013年

1月，习酒荣获“全国优秀社会责任企业”称号。

1月，习酒公司顺利通过二级企业安全达标评审。

1月，习酒公司窖藏酒瓶立体商标被认定为“贵州省著名商标”，是贵州省首例被认定为著名商标的立体商标。

3月，公司被推选为“贵州省酒文化研究会副会长单位”。

3月，习酒首个海外旗舰店在香港红磡盛大开业，成为第三个在港开设专卖店的中国白酒品牌。

4月，习酒公司为四川雅安市芦山县地震灾区贫困学子定向捐助专项助学资金300万元。

5月，习酒公司董事长张德芹兼任公司党委书记。

7月，由习酒公司赞助的大型民族管弦乐苗族歌舞剧《仰欧桑》在北京举行新闻发布会，习酒借力该剧加强习酒品牌在全国甚至全球的推广。

7月，习酒公司董事长、党委书记张德芹在会上被评为“网民最喜爱的白酒行业领军人物”称号。

8月，习酒公司加入中国酒业协会组织的“中国白酒3C计划”。

9月，公司总工程师胡峰荣获“2013年全国质量管理小组活动卓越领导者”称号、公司制曲车间上下求索QC小组荣获“2013年全国优秀质量管理小组”称号。

11月，习酒公司荣获“最佳企业帮扶奖”。

12月，习酒公司双囍、福禧包装作品荣获贵州省第二届创新设计大赛创新设计类优秀奖。

12 月，2013 亚太经合组织（APEC）中小企业分会在深圳举行，公司董事长张德芹应邀出席，并在会上对企业社会责任做了精彩的阐述，引起与会嘉宾共鸣。

2014 年

1 月，由人民网主办的“正业之道——第八届人民企业社会责任奖”颁奖盛典在北京举行。“习酒 · 我的大学”荣获“优秀案例奖”。

2 月，公司出资修建的贵州省松桃县木树乡冲头小学“希望童园”正式开园。

4 月，习酒被评为国家地理标志产品。

4 月，习酒公司获得由贵州省总工会授予的“贵州省劳动关系和谐企业”称号、公司包装车间获得“工人先锋号”。

5 月，公司“习酒•窖藏 1988”“习将军酒”获得“2013 年度贵州省名牌产品”称号。

6 月，习酒公司“经典”“国色天香”两件商标获得贵州省著名商标认定。

9 月，习酒、习酱分别荣获 2014 年比利时布鲁塞尔国际烈性酒大奖赛银奖。

10月，习酒荣获“深圳消费者喜爱的十大白酒品牌”称号；习酒·窖藏1988荣获“商场畅销高档白酒”称号，习酒荣获酒楼畅销中高档白酒称号；习酒经典酱香荣获“最具发展潜力的高档白酒品牌”称号。

10月，习酒公司总经理钟方达获得“中国首席白酒品酒师”称号。

10月，习酒公司被“2014第四届中国电视金鸽奖公益广告大赛”组委会授予“企业风尚奖”。

11月，习酒公司科研项目“功能微生物定向固态发酵偶联风味设计技术在习酒生产中的应用服务研究”荣获2011—2013年度“中国食品工业协会科学技术奖”一等奖。公司总经理钟方达被授予“中国食品工业科技创新卓越领导者”荣誉称号，总工程师胡峰被授予“中国食品工业科技创新卓越工作者”荣誉称号。

11月，习酒公司被授予“希望工程25年杰出贡献奖”。

12月，习酒公司制酒三车间32班荣获2014年度“全国质量信得过班组”称号。

12 月，习酒被授予“贵州酒业最具公众影响力五张名片”（杰出品牌）称号。

2015 年

1 月，在第二届中国白酒科学技术大会上，公司总经理钟方达获“中国白酒大师”“中国酒业科技领军人才”荣誉称号，副总经理曾凡君获“中国白酒工艺大师”称号。

2 月，习酒公司获“守合同重信用”企业称号，并在国家工商行政管理总局网站公示。

3 月，在“中国酒业品牌发展高峰论坛暨 2015 健康饮酒中国行启动仪式发布会”上，习酒荣获“2015 中国健康白酒典范品牌十强企业”“2015 中国健康白酒典范品牌 TOP10”荣誉称号。

3 月，习酒公司荣获 2014 年贵州省优秀企业、公司董事长张德芹荣获“2014 年贵州省优秀企业家”荣誉称号。

4 月，习酒公司产品“习酒·窖藏 1988”酒瓶外观专利被国家知识产权局评为“中国外观设计”优秀奖。

4 月，习酒公司荣获“全省职工文体活动先进单位”称号。

6月，2015年“习酒·我的大学”在贵阳孔学堂正式启动，启动仪式上贵州省人民政府副省长陈鸣明向公司颁发了“贵州希望工程杰出贡献企业”荣誉牌匾，贵州省青少年发展基金会负责人、省青年创业就业中心主任任斌代表青少年发展基金会接受公司2015年用于公益助学的500万元捐赠。

8月，在“中国白酒3C计划”习酒科技成果鉴定会上，由江南大学和习酒公司共同完成的“贵州酱香型白酒固态酒醅发酵群体微生物结构及功能的研究”“浓香型与酱香型习酒香气物质研究”项目通过鉴定。

2016年

2月，国家标准化管理委员会向公司颁发了“标准化良好行为证书”，确认公司标准化管理工作达到AAAA级要求。

5月，在第十一届贵州旅游产业发展大会召开之际，公司在土城举行习酒博展馆开馆揭牌仪式。

5月，第十届中国品牌价值500强评选活动榜单出炉，习酒以199.01亿元的品牌价值位居第168名，白酒行业位列第8名。

6月，习酒公司在贵州饭店国际会议中心举行“习酒·我的大学”公益助学十周年新闻发布会暨2016年公益助学启动仪式，继续在公益之路上传递爱心。中国宋庆龄基金会青年创业计划办公室执行主任姚世洪，贵州省青基会秘书长任斌，公司总经理钟方达，总经理助理、销售公司总经理杨云出席，特邀新闻媒体、学生代表、经销商代表及销售公司相关部门负责人100余人参加。仪式上，钟方达代表公司向青基会捐赠2016年“习酒·我的大学”公益助学善款600万元。

10月，在中国食品工业协会第九届白酒国家评委考试中，公司员工胡建峰、杨佳佳、陆小刚、路虎通过层层选拔，被聘为国家评酒委员，标志着公司技术人才队伍再次得到壮大，为习酒“十三五”发展打下了坚实的根基。

11月，国家质检总局和国家标准委联合印发了《关于公布2016年中国标准创新贡献奖获奖名单的通知》，习酒公司荣获“2016年中国标准创新贡献奖”。

12月，贵州省品牌建设大会在贵阳国际会议中心举行。习酒公司荣获“省长质量奖提名奖”，是贵州酒类企业中，除茅台之外，唯一一个荣获该类奖项的酒类企业。公司总经理钟方达出席本次大会，并代表公司接受大会颁奖。

2017年

1月20日，习酒公司党委副书记、纪委书记冯镱，工会主席沈必方率党委办、公司办、工会办相关负责人看望慰问公司退休老领导及劳动模范，向他们送去新春的美好祝福和公司的关怀。

2月7日，遵义市副市长鲁成军到习酒公司调研。

2月9日，贵州省国资委党委书记黄秋斌一行到习酒公司调研。

2月16日，贵州省委常委、遵义市委书记王晓光莅临习酒公司调研。

2月21日，习酒公司党委书记、董事长张德芹率队深入结对帮扶地道真县文家坝村走访调研扶贫工作情况。

3月10日，“保护赤水河、习酒在行动”，习酒公司在赤水河畔开展2017年全员义务植树活动，来自公司各部室、车间的1000余名员工植树3000余株。

3月20日，“爱心传承、梦想启航”“习酒•我的大学”公益助学爱心使者招募活动在成都启动。

3月20日，“我是品酒师·醉爱酱香酒”2017习酒线上品酒师活动在成都启航。

4月10日，“盛大中国·台江2017苗族姊妹节”隆重开幕，习酒成功携手共举盛会。

4月18日，“推介企业品牌、传播习酒文化”，习水文学创作协会采风团一行到习酒公司开展习酒笔会采风活动。

4月26日，由中国食品工业协会主持召开的“2016全国食品工业科技进步与质量工作会议”在北京举行，习酒公司荣获“2016年全国食品工业质量竞争力卓越企业”荣誉称号。

5月9日，贵州省国资委总经济师安丰明、遵义市人民政府副市长吴建辉一行莅临习酒公司调研，强调要积极打通习酒上市通道，推进习酒上市工作稳步开展。

5月10日，2017“习酒·我的大学”大型公益助学活动在贵阳孔学堂启动，贵州省人民政府副省长陈鸣明出席活动，并为习酒公司授牌，“习酒·我的大学”公益助学活动爱心使者代表，省内外主流媒体代表及受助学生代表300余人参加活动。

5月12日，习酒文联、体联2017年会员大会在综合楼召开，大会全面回顾总结了习酒文联、体联2016年度取得的成绩与工作中面临的困难和不足，并对2017年工作提出要求。

5月18日，“君子之品·畅行天下”——“贵州习酒号”高铁专列在上海虹桥站震撼首发。

5月22日，贵州省委常委、遵义市委书记龙长春到习水调研并参观土城习酒博展馆，对习酒近年来的发展给予充分肯定，鼓励习酒要加快发展，为地方经济做出新的更大贡献。

5月25日，以“喜迎十九大，聚习酒力量，扬君品文化，塑民族品牌”为主题的习酒公司第六届职工文化艺术节开幕式暨“敬业奉献·唱响习酒”职工合唱比赛在公司大礼堂隆重举行。

5月29日，由中国酒业协会、遵义市酒业协会组织开展的首届遵义十大名酒评选出炉，习酒公司“金质习酒”荣获“遵义首届十大名酒”称号。

5月31日，习酒公司2017年“安全生产月”和“安全生产习酒行”活动启动，总经理钟方达做重要讲话，并就开展好“安全生产月”活动相关工作进行了安排部署。

6月20日，习酒公司召开传达学习省第十二次党代会精神宣讲会，集中传达学习贯彻省第十二次党代会议精神。

7月9日，公司在贵阳召开主题为“夯实省内，求真务实加强攻势扩战果，拓疆省外，集中突破抢抓酱酒新机遇”的半年营销工作会。

7月13日，“血脉传承、不忘初心——遵义会议永放光辉”，由中国文艺评论家协会、江西省文联、贵州省文联、陕西省文联联合主办的四方红色文化联合采风团莅临习酒公司采风。

7月19日，习酒公司“习酒品鉴体验馆”在万吨酱香库区揭牌开馆。

7月19日，习酒公司荣获习水县“优秀工业企业”荣誉称号。

7月26日，“铁血铸军魂，习酒壮军威”，在中国人民解放军建军九十周年之际，习酒公司总经理钟方达率队走访慰问中国人民解放军驻香港部队，带去习酒公司4000多名员工的深情厚谊。

8月17日，“2017贵州省社会责任报告发布会暨CSR茅台论坛”在茅台集团会议中心举行，习酒公司荣获“2017贵州省履行社会责任五星级企业”称号。

8月24日，2017“多彩贵州风·黔酒中国行”宣传推介活动挺进中原，贵州省常委、副省长王晓光带队，茅台集团、习酒公司参加推介活动。

9月9日，2017第七届中国（贵州）国际酒类博览会在贵阳盛大举行，40多个国家和地区2000多家酒企共襄盛会，省委书记孙志刚、代省长谌贻琴莅临习酒展馆巡视指导，并和公司党委书记、董事长张德芹亲切交谈，了解习酒公司发展情况。

9月11日，河南省人大常委会副主任刘满仓率团到习酒公司考察调研，希望河南与贵州两地的酒企加强交流，增进了解，携手共同推进两地酒业合作取得丰硕成果。

9月29日，“喜迎十九大，共筑习酒梦”，习酒公司第六届职工文化艺术节历时6个月在公司大礼堂圆满落幕。

10月23日，“强化意识，提质稳产，书写习酒生产·质量新篇章”，习酒公司2018年生产·质量大会在公司大礼堂召开。

10月23日，2017年“华樽杯”第9届品牌价值评议颁奖盛典暨高峰论坛在北京国家会议中心举办。习酒以品牌价值260.75亿元位列中国白酒第十一位，贵州第二位。

10月26日，习酒公司在大礼堂举行2017“习酒故事”有奖征文暨公司第二届道德模范颁奖晚会。

10月28日，端午踩曲，重阳下沙。习酒公司2018季下糙沙生产工作全面启动。

10月30日，以“走进习国故里、唱响经典旋律、体验四渡赤水、宣讲十九大精神”为主题的北京轻骑兵爱乐合唱团慰问演出走进习酒基地。

11月9日，“超级品牌·超级动力——首届中国酒业超级品牌高峰论坛暨2015—2017年度中国酒业超级品牌榜单发布会”在重庆举行。习酒荣获“中国酒业超级品牌酱酒品类价值典范”。

11月10日，第97届全国糖酒秋季商品交易会在重庆盛大举行，习酒携“家族”产品亮相备受关注。

11月14日，为全面贯彻落实党的十九大精神，习酒公司在综合楼会议室举行党的十九大精神宣讲会，公司党委书记、董事长张德芹做专题宣讲。

11月16日，习水县委书记向承强、县长陈钊率队到习酒公司调研，就习酒厂区规划、拟建设项目等进行实地了解并召开座谈会明确征地等相关问题。

11月17日，由贵州习酒冠名的2017“习酒杯”中国拳击公开赛在习水开赛。

11月30日，习酒公司窖藏系列产品“习酒·窖藏1988”单品销售突破10亿元大关。

12月20日，习酒公司在综合楼会议室举行2017“师带徒”拜师仪式暨表彰会。

12月26日，习酒公司在海南召开主题为“新时期，聚焦核心上台阶，新征程，全面发力求突破”2018习酒公司营销工作会。

12月27日，习酒公司在海南召开主题为“自强不息加快发展跨进新时代，凝心聚力抢抓机遇构建大市场”2018年习酒全国经销商大会。来自全国各地的近千名习酒经销商、战略合作伙伴及社会知名媒体共襄盛会分享喜悦，共商大计共绘习酒发展蓝图。

后 记

我有很好的运气，在习酒加入茅台20年之际，顺利出版此书。此书的价值，大概是为读者提供了一个藏在档案馆的秘密——作为中国20世纪最大的酒行业兼并案，习酒加入茅台，究竟签署什么样内容的协议？当然，我愿意把这份协议放在更广阔的社会图景中去理解它，所涉及到的问题，事关行业发展，也事关诸多人的生活。

我很感谢习酒公司三任董事长对我工作的重视，并对书中内容予以指导——与刘自力董事长的采访交流，让我获得档案馆之外的史料，这加深了我对习酒的理解，并开启新的视角。我是张德芹董事长在任期间进入公司，在他调任茅台集团副总经理之后，依然保持着对这件事的关注；书中第五篇的“固本强基”部分，基本内容是他在职习酒期间工作会议上的讲话；在本书先期印刷的5000册内部交流版本中（里边有很多不足之处，甚至是明显的错误），他给我指出书中存在的一些问题，让我得到修正的机会。新的习酒事业掌舵人钟方达董事长给予我多次当面指导，书中第一篇关于习酒遭遇历史危机的原因分析，正是得益于此，其博学、其思远，让人景仰。三位董事长对我接下去的工作予以热情鼓励，遗憾本人未能全面呈现出习酒人在三位董事长带领下所创造出的诸多精彩，以及完整诠释出这些精彩背后的深层意义。在此，诚请读者多批评指正。

木心先生说，“前叩名山，后禮其人。得枝桂角，渡河留馨。”这能很好表达我的心意。其他调研成果将陆续推出，最近的一本是关于习酒与地方文化（初稿已经完成，约20万字）。我期待有更多的人士加入其中，并带来更多佳作。书中的资料主要来源于习酒档案史料，同时也借鉴了从事习酒研究的前辈成果。我的父亲是成书的第一读者，并提出很多修改意见，特别是将原属最后一篇内容调整到开始部分，让本书有不一样的阅读氛围，而这得到钟方达董事长的赞誉，我把习酒公司赠予我的一份20周年庆纪念酒转赠给了他。习水县委办政策研究室好友吕良波，拨冗帮助审校，再次提升了书的质量。

最后，再次对此书提供帮助的所有人士，致以谢意！

习酒加入茅台，在过去，在今天，以至未来，都对世界产生影响。

习酒人的角色与行动，值得期待。